A Civilização

Asteca

AS CIVILIZAÇÕES **Pré-Colombianas**

A CIVILIZAÇÃO ASTECA
Jacques Soustelle

A CIVILIZAÇÃO INCA
Henri Favre

A CIVILIZAÇÃO MAIA
Paul Gendrop

Jacques Soustelle

A Civilização
Asteca

Tradução:
MARIA JÚLIA GOLDWASSER
Mestre em antropologia social,
Museu Nacional/UFRJ

ZAHAR

Título original:
Les Aztèques

Tradução autorizada da quarta edição francesa
publicada em 1983 por Presses Universitaires de France,
de Paris, França, na série "Que sais-je?"

Jorge Zahar Editor Ltda.
rua Marquês de S. Vicente 99 – 1º
22451-041 Rio de Janeiro, RJ
tel (21) 2529-4750 | fax (21) 2529-4787
editora@zahar.com.br | www.zahar.com.br

Grafia atualizada respeitando o novo
Acordo Ortográfico da Língua Portuguesa

Capa: Sérgio Campante
Composição: TopTextos Edições Gráficas

CIP-Brasil. Catalogação na fonte
Sindicato Nacional dos Editores de Livros, RJ

Soustelle, Jacques, 1912-1990
S698c A civilização asteca / Jacques Soustelle; tradução Maria
Júlia Goldwasser. — Rio de Janeiro: Zahar, 2002.

(As civilizações pré-colombianas)

Tradução de: Les azteques
Inclui bibliografia
ISBN 978-85-7110-382-5

1. Astecas. I. Título. II. Série.

CDD: 972.01
02-0165 CDU: 972

Sumário

CAPÍTULO I. AS ORIGENS

Os astecas (*azteca*) ou mexicanos (*mexica*) dominavam com esplendor a maior parte do México quando os conquistadores espanhóis ali chegaram, em 1519. Sua língua e sua religião tinham-se imposto sobre imensas extensões de terra desde o Atlântico até o Pacífico e das regiões áridas setentrionais até a Guatemala. O nome de seu soberano Motecuhzoma era venerado ou temido de uma ponta à outra daquele vasto território. Seus comerciantes com suas caravanas de carregadores percorriam o país em todos os sentidos. Seus funcionários recebiam impostos de todos os lados. Nas fronteiras, as guarnições astecas mantinham a distância as populações insubmissas. Em Tenochtitlán (México), sua capital, a arquitetura e a escultura haviam alcançado um impulso extraordinário, enquanto o luxo crescia no vestuário, à mesa, nos jardins e na ourivesaria.

Os astecas, contudo, haviam conhecido difíceis e obscuros começos. Chegados tardiamente ao México central, no século XIII, foram por longo tempo considerados intrusos, semibárbaros, pobres e sem terras. O início de sua ascensão data somente do reinado de Itzcoatl (1428-1440). Os povos que os circundavam podiam, na maioria, vangloriar-se de possuir tradições e uma antiga civilização, das quais, entretanto, careciam os imigrantes mais recentes.

1. As antigas civilizações mexicanas: a época pré-clássica

Na verdade porém, ao ser gradativamente descoberta pelas escavações arqueológicas e pelo estudo dos documentos nativos, a Antiguidade mexicana se revela de uma incrível riqueza de fases culturais, penetrando profundamente até um passado remoto.

Para mencionar apenas o México central, encontram-se vestígios desde 15000 ou 20000 a.C., de povos caçadores que utilizavam armas de pedra lascada ao perseguirem mamutes e outros animais selvagens em torno dos lagos e pântanos do vale do México. No IV milênio a.C., o milho começava a ser cultivado na região de Tehuacán. A agricultura, em seus primórdios, fornecia uma fração ainda pequena dos recursos necessários aos nativos, os quais também se dedicavam à caça e à coleta. Gradativamente, porém, aumentava a importância das plantas cultivadas, como milho, vagens, abóbora, grãos oleaginosos como o *huauhtli* (amarante), tomate e pimenta. Durante os cinco séculos seguintes, a agricultura expandiu-se no planalto e ao longo dos vales em direção ao litoral do golfo. O algodão não podia aclimatar-se nas planícies centrais, mas o agave (*maguey*) fornecia sua fibras. Com o advento da agricultura, da cerâmica e da tecelagem, despontam as aldeias, aglomerações de índios sedentarizados que puderam fixar-se ao redor de seus campos graças à segurança proporcionada pela regularidade das colheitas.

Às margens dos lagos, em Zacatenco, Ticomán, El Arbolillo, Copilco, Tlatilco, Cuicuilco, os camponeses nativos levaram durante quase três milênios uma vida semelhante às das vilas neolíticas do Velho Mundo. Sua cerâmica abundante e variada, conforme descoberta nos túmulos, é rica em estatuetas, algumas das quais provavelmente representam divindades, enquanto outras, com seus ornamentos e turbantes, atestam a existência de estruturas sociais bastante diferenciadas. Ao fim do período chamado "pré-clássico", pouco antes da era cristã, os índios de Cuicuilco eram suficientemente numerosos e organizados para construírem a primeira pirâmide do planalto Central, túmulo de tijolos e pedras, por sinal de configuração mais próxima do tronco cônico do que da forma piramidal.

2. Os olmecas

Desde aquela época, os túmulos de Tlatilco testemunham a influência que exercera sobre o planalto a primeira das grandes civilizações mexicanas: a dos olmecas do litoral do golfo. Desde a segunda metade do II milênio a.C., esse povo ainda misterioso construíra imponentes centros cerimoniais principalmente em La Venta e San Lorenzo, nos atuais estados de Tabasco e Veracruz. Antes de seu desaparecimento, em 400 a.C., os olmecas já haviam difundido sua civilização por uma imensa área da Mesoamérica desde o vale do Balsas até El Salvador e a Costa Rica, do litoral do golfo às montanhas de Oaxaca e ao litoral do Pacífico. Pirâmides e altares, estelas esculpidas, baixos-relevos, jades e jadeístas cinzelados, e sobretudo a escrita hieroglífica, mais a contagem do tempo: com os olmecas, surgem esses traços essenciais a todas as altas civilizações do México. Por isso, eles podem ser considerados o elo de transição entre o período pré-clássico, isto é, o da aldeia, e o período clássico, ou seja, o da civilização urbana.

3. As civilizações clássicas

O I milênio d.C. foi, no México, o período das civilizações "clássicas". Quatro núcleos culturais principais brilham então com fulgor incomparável: o território dos maias ao sul, com grandes cidades como Palenque, Yaxchilán, Copán, Piedras Negras, Uxmal, Labná; Monte Albán e Mitla, no território dos zapotecas de Oaxaca; El Tajín no atual estado de Veracruz; e Teotihuacán no planalto Central.

Teotihuacán, cujo apogeu data de 400-700 d.C., com suas enormes pirâmides do Sol e da Lua (63 e 43m de altura, respectivamente), sua avenida dos Mortos (1.700m de comprimento), seus templos dos deuses agrários e da Serpente de Plumas, suas esculturas e afrescos, suas máscaras em pedra dura e sua magnífica cerâmica pintada, parece ter sido uma metrópole teocrática e pacífica, cuja influência se irradiou até a Guatemala. Sua aristocracia sacerdotal, cuja língua ignoramos, era sem dúvida originária da costa oriental, da zona dos olmecas e de El Tajín — como certos detalhes de afrescos e esculturas tendem a comprovar —, enquanto a massa da população camponesa devia ser composta de otomis e outras tribos rústicas. A religião compreendia o culto do deus da água e da chuva (que os astecas chamarão Tlaloc), da Serpente de Plumas, símbolo da fecundidade agrária (Quetzalcoatl), e da deusa da água (Chalchiuhtlicue). Certas pinturas murais mostram que os habitantes de Teotihuacán acreditavam na vida além da morte, em um paraíso onde os bem-aventurados cantariam sua felicidade entre jardins tropicais resguardados pelo protetor Tlaloc.

Ainda que separados por imensas distâncias e imponentes obstáculos naturais, os quatro centros clássicos tiveram, certamente, contato entre si. Objetos como vasos em terracota ou alabastro, temas arquitetônicos e decorativos, ideias e ritos difundiram-se juntamente com os comerciantes e peregrinos. A arquitetura monumental, o baixo-relevo, a escrita hieroglífica e o calendário apresentam numerosas características comuns, apesar das nítidas diferenças de estilo.

Durante todo esse período excepcionalmente brilhante, onde se encontravam os astecas? Segundo sua história tradicional, eles viviam em Aztlán (donde o seu nome), país situado a noroeste do México ou ao sul dos atuais Estados Unidos. Sua língua, o *nahuatl*, faz parte de uma família linguística cujos dialetos se distribuem de norte a sul, desde o Utah até a Nicarágua. As crônicas nativas qualificam-nos como *azteca chichimeca,* "bárbaros de Aztlán". Em outras palavras, eles partilhavam ainda do modo de vida das tribos guerreiras, nômades e caçadoras conhecidas pelo nome de chichimecas ("bárbaros"), que mantinham sua subsistência graças à caça e à coleta nas zonas áridas e nas montanhas, cobriam-se de peles e se abrigavam em cavernas ou sob leves cabanas de ramos.

A única informação cronológica mais precisa de que dispomos fixa em "duas vezes 400 anos, mais dez vezes 20 anos, mais 14 anos" antes do ano 1168 d.C. — data da queda de Tula, como veremos mais adiante — a duração do período durante o qual os mexicanos viveram em Aztlán. Teriam aí se estabelecido, portanto, em meados do século II (em 154?), originários provavelmente de uma região mais ao norte.

De qualquer modo, devem ter permanecido por mil anos à margem das civilizações do planalto Central, desconhecendo-as e sendo delas desconhecidos. Por outro lado, entre seu suposto habitat e o vale do México, muitos outros povos chichimecas, parte dos quais pelo menos falava dialetos *nahuatl*, ocupavam vastas extensões dos atuais estados de San Luis Potosí, Guanajuato e

Querétaro. Os astecas encontravam-se então fora do México, de sua civilização e de sua história.

4. Os toltecas

Em decorrência de fenômenos econômicos e sociais ainda obscuros, as grandes cidades clássicas foram pouco a pouco abandonadas entre os séculos IX e XI. O declínio de Teotihuacán começou relativamente cedo (século VIII), mas uma "colônia" desta grande cidade sobreviveu em Azcapotzalco, às margens do grande lago.

Foi então que entraram em cena, pela primeira vez na história do México, os povos de língua *nahuatl*, que a partir daí viriam a desempenhar um papel predominante. Oriundos do norte, os toltecas fundaram sua cidade, Tula, sobre o local da aldeia otomi chamada Mamêhni, em 856 d.C., segundo a cronologia tradicional. É provável que os primeiros imigrantes toltecas, ainda bárbaros e pouco numerosos, tenham aceitado durante mais ou menos um século, de certo modo voluntariamente, a hegemonia de uma classe sacerdotal originária de Teotihuacán e fiel à tradição teocrática da era clássica. É isso que simboliza, nos relatos histórico míticos, o rei-sacerdote Quetzalcoatl, a Serpente de Plumas, que falava, segundo se conta, uma língua diferente do *nahuatl*, proibia sacrifícios humanos, celebrava o culto do deus da chuva e se mostrava profundamente bom e virtuoso em todas as circunstâncias.

Mas, com a chegada de sucessivas vagas migratórias provenientes do norte, esse frágil equilíbrio iria se romper. Os indígenas do norte traziam consigo novas ideias e novos ritos: a religião astral, o culto da Estrela da Manhã, a noção de guerra cósmica, os sacrifícios humanos e uma organização social militarista. Todo esse complexo está simbolizado no deus-feiticeiro Tezcatlipoca, deus da Grande Ursa, do céu estrelado, do vento noturno e protetor dos guerreiros. O ciclo épico de Tula evoca uma série de conflitos, guerras civis e encantamentos, graças aos quais Tezcatlipoca consegue banir Quetzalcoatl em 999; o rei derrotado parte para o exílio em direção ao misterioso "país negro e vermelho", *Tlillan Tlapallan*, que se acreditava situar-se além do "mar divino", por trás do horizonte oriental.

A civilização tolteca propriamente dita desenvolve-se, então, a partir do século XI. Os deuses celestes superam as velhas divindades da terra e da água. A Serpente de Plumas, ela própria, transforma-se, por uma espécie de ironia metafísica, em um deus astral, o planeta Vênus. Os sacrifícios humanos generalizam-se. Sobre os monumentos, longas frisas representam águias (símbolos solares) e jaguares (símbolos de Tezcatlipoca) brandindo corações humanos. Os templos não são mais, como no passado, santuários de dimensões reduzidas onde não penetravam senão os sacerdotes, mas comportam vastas salas com colunatas onde se podem reunir os guerreiros. O "rei", emanação da aristocracia militar, detém, juntamente com esta, os poderes que outrora cabiam à classe sacerdotal. Do planalto Central, a civilização tolteca irradiou-se para o oeste, até Michoacán; para o leste, até as costas do golfo; e para o sudeste, até as montanhas de Oaxaca e o Yucatán. Seu desdobramento yucateca, nascido de uma síntese tolteco-maia em Chichén-Itzá, proporcionou, durante dois séculos, um verdadeiro renascimento à esgotada civilização maia. O essencial de sua arte, de suas concepções religiosas e de sua organização dinástica sobreviveu no México até a conquista espanhola. Em 1168, sucumbindo a dissensões internas e à invasão de novos imigrantes, a cidade de Tula foi saqueada e abandonada. Importantes contingentes toltecas continuaram, porém, estabelecidos em outras cidades, principalmente em Colhuacán, às margens do lago, e em Cholula, centro de peregrinação em honra à Serpente de Plumas. Assim, a tradição tolteca, a língua e os costumes de Tula conservaram-se apesar da queda da cidade.

A derrocada do poderio tolteca provocou um profundo abalo em todo o mundo autóctone da época. A notícia dos novos acontecimentos transmitiu-se necessariamente de um lugar para outro, de tribo para tribo, até a longínqua Aztlán. De toda parte, através das zonas áridas e das serras, tribos bárbaras puseram-se em marcha para o sul.

A sua frente, um chefe que a tradição denomina Xolotl foi o primeiro a penetrar no território do antigo Império Tolteca e aí se estabelecer sem desferir sequer um golpe. Os chichimecas instalaram-se nas cavernas e florestas do México central, aí conservando seu modo de vida habitual. Todavia, entraram em contato com as cidades toltecas remanescentes, e um de seus primeiros "reis", Nopaltzin, desposou a filha de um senhor tolteca de Colhuacán, primeiro exemplo de alianças que deveriam multiplicar-se.

Também os astecas começaram, em 1168, a longa marcha que deveria conduzi-los ao vale do México aproximademente um século depois. Uma de suas primeiras etapas é designada pela tradição com o nome de Chicomoztoc, as "Sete Cavernas", nítida alusão ao seu modo de vida naquela época. A caminho, encontraram outras tribos dirigindo-se também para o sul. Atravessando o Michoacán, penetraram no planalto Central pela região de Tula. Naturalmente, não é preciso pensar sua migração como um deslocamento contínuo. Às vezes, fixavam-se por muitos anos em uma região propícia. Ora guerreando, ora entrando em contato pacífico com as populações civilizadas, rapidamente assimilaram, graças ao seu singular talento para a síntese, técnicas sobretudo referentes à agricultura do milho, como também costumes e rituais.

Quase nada sabemos sobre a organização da tribo em marcha. Os manuscritos históricos indígenas retratam-na guiada pelos sacerdotes, chamados "carregadores de deus". Eles conduziam sobre os ombros a efígie do deus tribal, Uitzilopochtli, divindade solar representada por um colibri. Esses sacerdotes constituíam então o "governo" da tribo: acreditava-se que Uitzilopochtli falasse com eles, que por sua vez transmitiam as ordens do deus. A tribo estava dividida em clãs. Certamente, um conselho de anciãos, chefes de clãs e chefes de família reunia-se para debater as decisões importantes, podendo-se, portanto, afirmar que o regime asteca era então uma teocracia superposta à democracia tribal tradicional.

5. Os estados pós-toltecas

Assim, enquanto esse povo obscuro aproximava-se lentamente do México central, um processo cultural surpreendente se desenvolvia nessa região. As tribos bárbaras recém-chegadas adotaram muito rapidamente a vida sedentária, a agricultura, a língua, os ritos e a forma de governo das cidades toltecas tardias. Ao final do século XIII, os chichimecas haviam abandonado as cavernas e, por sua vez, fundavam vilas destinadas a um futuro brilhante, como Texcoco. No século XIV, 28 Estados compartilhavam o planalto

Figura 1. A fundação de Tenochtitlán. Do *Codex Mendoza*, in Jacques Soustelle, *A vida cotidiana dos astecas* (*La vie quotidienne chez les Aztèques*). Paris, Hachette.

Central, dentre os quais Colhuacán (tolteca), Texcoco (chichimeca), Azcapotzalco (dinastia de origem possivelmente otomi ou mazahua, porém "nahuatlizada"), Xaltocán (otomis) etc. Alianças, ligas, guerras e golpes de governo entre si transformavam a cada dia o equilíbrio político. Cada cidade-estado lutava pela hegemonia. Foi uma época de violência e intrigas, mas também de rico desenvolvimento cultural: a civilização tolteca renasceu entre os rudes invasores do norte.

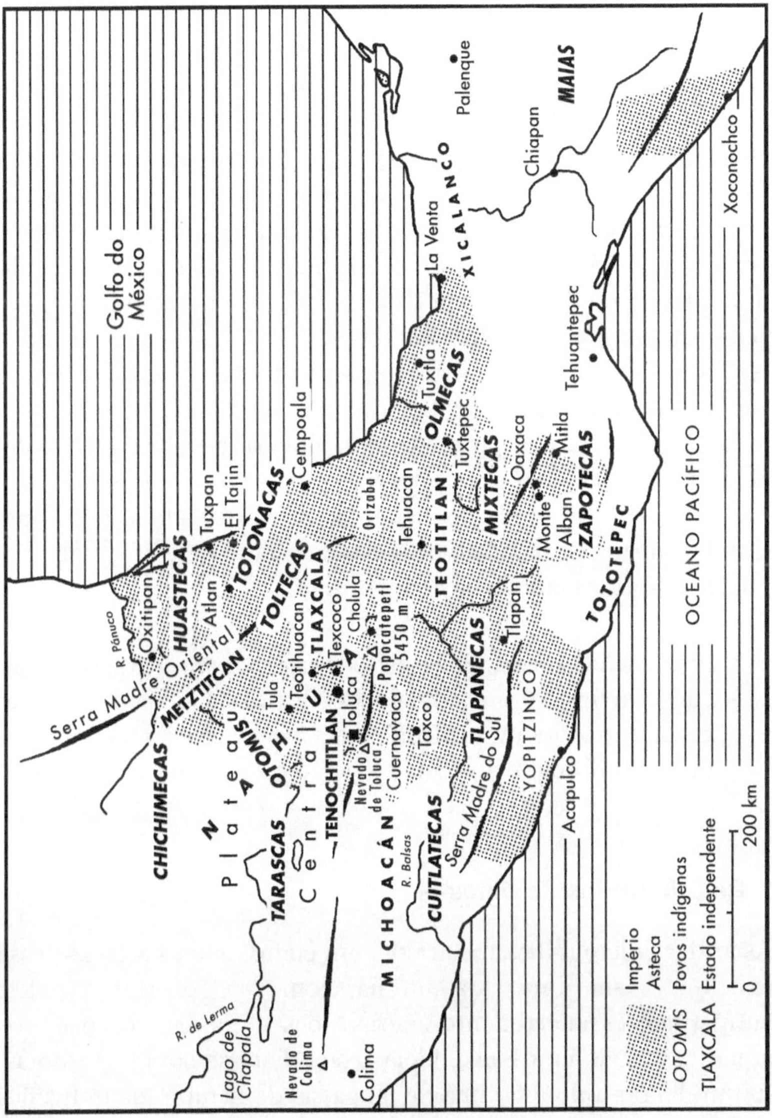

Figura 2. O Império Asteca.

6. A fundação de Tenochtitlán

Últimos a chegar a esse universo ao mesmo tempo refinado e brutal, os astecas passaram por inúmeras atribulações. Desejando ter um rei como os das dinastias vizinhas, entraram em conflito com Colhuacán. Seu soberano Uitzliuitl ("Pluma de Colibri"), chamado "O Antigo", foi porém vencido, capturado e sacrificado. Exilados primeiramente nas terras estéreis de Tizapán, os astecas terminaram por se refugiar nas ilhas da zona pantanosa a oeste do grande lago. Foi lá que, em 1325, segundo a tradição, Uitzilopochtli falou ao grande sacerdote Quauhcoatl ("Serpente-Águia"). Revelou-lhe que seu templo e sua cidade deveriam ser construídos "em meio ao bambuzal", sobre uma ilha rochosa na qual se veria "uma águia devorando alegremente uma serpente". Quauhcoatl e os demais sacerdotes puseram-se à procura do sinal prometido pelo oráculo; e viram uma águia pousada sobre uma figueira-do-inferno (*tenochtli*) tendo no bico uma serpente. Lá foi erigida uma simples cabana de bambus, primeiro santuário de Uitzilopochtli e núcleo da futura cidade de Tenochtitlán.

> Pobremente, miseravelmente — diz uma crônica asteca — eles construíram a casa de Uitzilopochtli (...). Onde poderiam eles encontrar pedra ou madeira? (...) Os mexicanos reuniram-se e disseram: Compremos então a pedra e a madeira com o que se encontra na água: o peixe, o *axolotl*, a rã, o lagostim (...).

7. Os primórdios da dinastia

As antigas pictografias mostram, com efeito, que os astecas dessa época levavam uma vida anfíbia, com suas pirogas e redes, subsistindo essencialmente graças à pesca e à caça de pássaros aquáticos. Suas modestas aldeias estendiam-se sobre as ilhotas. Acumulando lodo em cima de jangadas de bambu, os indígenas criavam jardins flutuantes, de *chinampas*. O velho sonho dinástico não fora esquecido. Desejosos de evitar dessa vez um desastre como fora o do reino efêmero de Uitziliuitl, os astecas procura-

Figura 3. A vida lacustre dos astecas. Do *Codex Azcatitlán.*

ram um soberano da linha tolteca de Colhuacán: assim, sua dinastia se religaria ao da prestigiosa idade do ouro de Tula. Esse soberano, Acamapichtli ("Punho de Bambu"), foi entronizado em 1375.

Seu sucessor, o segundo Uitziliuitl ("Pluma de Colibri"), desenvolveu uma política de alianças matrimoniais: foi assim que obteve a mão da princesa Miahuaxihuitl ("Flor de Milho Turquesa"), filha de um chefe de Quauhnahuac (Cuernavaca), a fim de poder importar o "indispensável algodão" dessa região tropical. Entrementes, a estrela de Colhuacán empalidecia e a dinastia guerreira de Azcapotzalco ampliava o seu domínio sobre o vale central. O terceiro rei asteca, Chimalpopoca ("Escudo Fumanete"), foi pouco mais que um vassalo de Azcapotzalco e morreu assassinado em 1428, como dez anos antes acontecera ao rei de Texcoco.

8. Fundação da Tríplice Aliança

Por ocasião de sua morte, parecia desesperadora a situação da cidade asteca. Tezozomoc, o velho rei de Azcapotzalco, anexara ao seu domínio vastos territórios a leste e a oeste do grande lago. Herdeiro legítimo do trono de Texcoco, o príncipe Nezaualcoyotl ("O Lobo que Jejua") errava pelas montanhas perseguido pelos guerreiros de Tezozomoc. Em Tenochtitlán mesmo, um forte "partido da paz" declarava ser impossível qualquer resistência e preconizava a submissão.

Contudo, o quarto soberano asteca, Itzcoatl ("Serpente de Obsidiana"), eleito nessas trágicas circunstâncias, tomou a liderança da desistência. Aliado a Nezaualcoyotl, chegou a rechaçar os assaltos da cidade dominante, e depois levou a guerra até a própria Azcapotzalco, que foi invadida e destruída.

Os dois soberanos vencedores tiveram a sabedoria de tomar como aliada uma cidade pertencente à tribo de Azcapotzalco: Tlacopan. Assim, foi fundada a Tríplice Aliança de Tenochtitlán (México), Texcoco e Tlacopan. Rapidamente, o papel militar predominante no interior dessa liga concentrou-se nos astecas, enquanto Texcoco, sob o sábio governo do rei-poeta Nezaualcoyotl, se transformava em metrópole das artes, da literatura e do direito.

A Tríplice Aliança tornou-se, com efeito, o Império Asteca.

CAPÍTULO II. O IMPÉRIO ASTECA EM 1519

Por ocasião da morte de Itzcoatl, em 1440, as três cidades aliadas dominavam o conjunto do vale central, e seu poderio já se estendia muito além. De fato, a cidade de Tlacopan levara para a Aliança o legado de Azcapotzalco, isto é, as regiões montanhosas de população essencialmente otomi (Quahuacan) a noroeste do vale. Por outro lado, Texcoco exercia sua hegemonia a nordeste, estendendo-se até certas localidades do litoral (Tuxpan).

Cinco soberanos sucederam-se no México entre o fim do reinado de Itzcoatl e a invasão espanhola:

1440-1469: Motecuhzoma ("Aquele que se Zanga como Senhor") denominado Ilhuicamina ("O Arqueiro que Flecha o Céu") ou Ueue ("O Antigo").
1469-1481: Axayacatl ("Face de Água").
1481-1486: Tizoc ("Aquele que se Sangra", alusão a um rito de autossacrifício).
1486-1503: Auitzotl ("Monstro Aquático").
1503-1520: Motecuhzoma II, chamado Xocoyotzin ("O Honorável mais Jovem").

Com exceção de Tizoc, que morreu provavelmente envenenado após cinco anos de reinado, todos esses soberanos permaneceram longo tempo no poder e sem cessar governaram com uma dupla preocupação: estender a hegemonia da Tríplice Aliança a novos territórios e reforçar, no seio mesmo da Aliança, o poder de Tenochtitlán em detrimento das duas outras cidades. A morte de Nezaualcoyotl (1472) eliminou o principal obstáculo a essa escalada rumo à hegemonia. Desde então, o imperador do México (*Tlatoani*), chefe militar supremo (*Tlacatecuhtli*), tornou-se o único soberano verdadeiro, determinando à sua vontade a sucessão no seio da dinastia texcocana e tratando o rei de Tlacopan, não mais como aliado, mas como vassalo.

Quanto às conquistas, antes empreendidas em pé de igualdade por México e Texcoco e depois pelos contingentes das três cidades sob o comando único do imperador asteca ou de seus oficiais, estenderam-se ao norte, até uma linha balizada pelas aldeias otomi de Xilotepec, Huichapan, Nopala, Timilpan, Zimapán, incluindo um "distrito militar" na margem meridional do Pánuco; a oeste, até o litoral, costeando todo o golfo, de Tuxpan até Tuxtepec; a sudeste, em direção ao istmo de Tehuantepec, sobre o planalto (Puebla), e depois, através das montanhas mixtecas (Yoaltepec), até os vales zapotecas (Oaxaca); ao sul, até as ricas Terras Quentes tropicais de Quauhnahuac (Cuernavaca), Oaxtepec, Taxco, chegando ao Pacífico (Cihuatlán, Acapulco); a oeste, através do planalto de Toluca, até as fronteiras de Michoacán.

Motecuhzoma I empreendeu com sucesso a conquista das províncias tropicais (Quauhnahuac). Axayacatl consolidou a supremacia de Tenochtitlán, anexando a vizinha cidade insular de Tlatelolco, às margens do lago. Ele dirigiu para oeste o seu esforço principal, isto é, a conquista de Toluca e Xocotitlán, mas sofreu uma série de reveses em Taximaroa, frente ao reino tarasca de Michoacán. Auitzotl estendeu o Império para o norte e para o sul, de Xiuhcoac até Oaxaca e Xoconochco.

As listas de conquistas de cada reinado com frequência reproduzem hieróglifos das mesmas cidades, o que faz supor que algumas dessas conquistas continuassem precárias. A todo momento, deflagravam-se rebeliões, como por exemplo a de Cuetlaxtlan, cujos habitantes, descontentes por terem que pagar impostos, aprisionaram os coletores astecas e os trancaram em uma casa à qual atearam fogo.

1. As províncias

Quando os espanhóis chegaram em 1519, o Império compunha-se, segundo documentos indígenas, de 38 "províncias", entidades antes econômicas do que políticas, sujeitas ao pagamento de impostos. Eis a relação das províncias:

I. Centro

1. Citlaltepec-Tlatelolco: a nordeste do vale Central (Xaltocan, Zumpango etc.).
2. Petlacalco: ao sul do vale (Tláhuac, Mixquic etc.). Essas cidades ou vilas eram diretamente ligadas ao *petlacalcatl*, chefe da arrecadação de impostos, cujos "escritórios" estavam situados no palácio imperial do México.

II. Norte

3. Oxitipan: posto avançado do Império no rio Pánuco.
4. Xiuhcoac: província huaxteca.
5. Xilotepec: velho estado otomi.
6. Axocopan: outra província otomi (Izmiquilpan).
7. Hueypoxtla: ainda outra província otomi (Actopan).
8. Atotonilco: região de Tula. Aí se falava otomi e nahuatl.
9. Xocotitlán: sobre o planalto de Toluca, território otomi e mazahua.
10. Quauhtitlán: província nahuatl anteriormente muito importante.
11. Quahuacan: zona montanhosa e florestal ao norte do atual Distrito Federal (Cuajimalpa, Huixquilucan); população essencialmente otomi.
12. Acolhuacan (Otumba, Teotihuacán, Pachuca): antigo domínio de Texcoco.

III. Vertente oriental

13. Atlan, "distrito militar" do Império, no nordeste, juntamente com Xiuhcoac.
14. Tochpan (Tuxpan, no atual estado de Veracruz).
15. Tlapacoyan: ao norte do atual estado de Puebla (Zacatlán, Huauchinango, Xochicuautla). Falava-se aí nahuatl e totonaque.
16. Atotonilco (não confundir com a oitava província acima): nessa província situava-se o antiquíssimo centro tolteca Tulancingo.

17. Tlatlauhquitepec: na fronteira dos atuais estados de Puebla e Veracruz (Teziutlán).
18. Quauhtochco (Huatusco, estado de Veracruz).
19. Cuetlaxtlan, província litorânea no golfo.
20. Tochtepec (Tuxtepec, estado de Oaxaca): rica província fronteiriça, em território tropical.

IV. Sul e Sudoeste

21. Chalco: ao sul dos lagos, antiga cidade que esteve por longo tempo em guerra contra o México.
22. Quauhnahuac (Cuernavaca, estado de Morelos).
23. Huaxtepec (Oaxtepec): essa província e a precedente ocupavam o território do atual estado de Morelos, terras tropicais ricas em algodão, frutas e essências raras.
24. Tlalcozautitlán.
25. Quiauhteopan: essa província e a precedente situavam-se no atual estado de Guerrero; em Olinalá, praticava-se a arte do laqueamento.
26. Toluca: capital atual do estado do México, sobre um planalto de clima frio, povoado por Matlaltzinca, Mazahua e Otomi.
27. Ocuilan: ao sul de Toluca, em zona montanhosa e coberta de bosques. Falava-se aí um dialeto matlaltzinca.
26. Malinalco: importante centro militar e religioso onde ainda se pode ver o único templo conhecido na América inteiramente entalhado na rocha viva, inclusive a estatuária.
29. Tlachco (Taxco).
30. Tepequacuilco: no atual estado de Guerrero (Iguala).
31. Cihuatlán: província na fronteira com Michoacán, estendendo-se pela costa do Pacífico até Acapulco.

V. Território mixteco-zapoteca

32. Tepeacac: zona fronteiriça entre Nahuatl, Mixtecos e Chocho-Popoloca.
33. Yoaltepec: estado mixteca.
34. Tlapan: província fronteiriça entre o insubmisso território yopi e a senhoria mixteca independente de Tototepec.
35. Tlachquiauco: no estado atual de Oaxaca.

36. Coayxtlahuacan: província mixteca, entre a senhoria de Tototepec e a cidade religiosa dos Mazatecas, Teotitlán.
37. Coyolapan: núcleo do antigo território zapoteca, com Monte Albán, Oaxaca, Mitla e Etla.

VI. Distrito militar meridional

38. Xoconochco: a sudeste do atual estado de Chiapas (Soconusco, Ayutla), em território de língua maia, nas fronteiras da Guatemala.

Entre as províncias de Tuxtepec e Coyolapan, de um lado, e Xoconochco, de outro, mercadores e soldados astecas atravessavam constantemente o istmo de Tehuantepec, sem que saibamos exatamente qual fosse a condição diante do Império dos pequenos estados que eles deviam percorrer. Esses estados não parecem ter-se sujeitado ao pagamento de tributos, mas sem dúvida lhes concediam o direito de livre passagem, receosos de se indisporem com os mexicanos. Os territórios por estes dominados não eram, portanto, contínuos. Subsistiam enclaves independentes, como a senhoria nahuatl de Metztitlán, ao norte; o território yopi e a senhoria mixteca de Tototepec, ao sul; e o pequeno território mazateca de Teotitlán, na divisa com o território mixteca. Teotitlán mantinha relações amistosas com o México; os demais Estados mencionados, porém, conservavam ferozmente a sua independência. Havia mesmo, enclavada no coração do Império, sobre o planalto, a república aristocrática e militar de Tlaxcala, inimiga encarniçada do México. Era para os astecas motivo de grave debilidade, como devem ter percebido durante a conquista espanhola. Nas fronteiras, o único poder organizado contra o qual precisava o Império defender-se permanentemente era o reino civilizado de Michoacán, a oeste. A base dessa defesa situava-se na província de Tepequacuilco: tropas astecas eram aí mantidas em prontidão, em Quecholtenanco, Totoltepec e sobretudo Oztoman, onde se conservam vestígios de consideráveis fortificações.

Ao norte e a noroeste, as províncias de Xilotepec, Oxitipan e Xiuhcoac constituíam uma barreira contra as incursões das tribos chichimecas, mas não parece ter sido agudo o estado de guerra nessa área. Os otomis de Xilotepec praticavam o comércio de trocas com os bárbaros do atual Querétaro. A sudeste, os principados independentes do Xicalanco (atual Tabasco) prestavam-se de boa vontade às viagens dos comerciantes astecas, que tinham seus entrepostos em Tuxtepec, enquanto as tribos maias vizinhas de Xoconochco não manifestavam, aparentemente, qualquer hostilidade ativa.

Fosse para montar guarda nas fronteiras, ou para controlar certas regiões importantes ou turbulentas, o México escolheu algumas localidades estrategicamente bem-situadas a fim de instalar guarnições permanentes. Tal foi o caso de Atlan e de Tezapotitlan, na serra de Puebla; de Quauhnahuac (Cuernavaca) e de Oaxtepec; de Quauhtochco e de Itzteyocan; de Cuetlaxtlan, de Tuxtepec e de Tepeacac (próximo a Tlaxcala). Havia uma guarnição asteca em Tutotepec, província de Tlapan, para vigiar o território yopi; e muitas no território de Oaxaca, em Coayxtlahuacan, Zozolan e Oaxaca. As tropas mexicanas estacionadas na província de Yoaltepec "alimentavam-se dos perus, cabras, coelhos e milho que os indígenas eram obrigados a doar a Motecuhzoma".

De modo geral, enquanto as cidades e tribos conquistadas conservavam sua forma de governo, suas dinastias locais e seus poderes autônomos, "governadores" astecas eram colocados nas localidades de importância estratégica. Seus títulos (*tlacatecuhtli*, "chefe dos guerreiros"; *tlacochtecuhtli*, "senhor dos dardos" etc.) são nitidamente militares. Encontram-se referências a esses oficiais em Oztoman, Quecholtenanco, Tuxpan, Atlan, Zozolan, Oaxaca e Xoconochco. Parecem ter frequentemente coexistido dois governadores à testa de uma mesma cidade ou província, um deles provavelmente investido de funções mais administrativas do que militares. Em contrapartida, geralmente as cidades-estado administravam-se a si mesmas. Estavam sujeitas a estatutos bem diferentes, variando desde uma simples aliança até uma estreita submissão, caso tivessem elas aceito relativamente de boa vontade a hegemonia do México, ou, ao contrário, tivessem sido anexadas à força após luta militar. As cidades-sedes de guarnições militares não pagavam tributos, mas deviam assumir o encargo da manutenção das tropas. Outras não eram, ao menos teoricamente, sujeitas ao pagamento de impostos, mas se limitavam a enviar ao México "presentes" pretensamente voluntários. Todas as cidades do Império, qualquer que fosse seu estatuto particular, deveriam renunciar de todo a conduzir qualquer política externa e militar independente, além de aceitar que nelas se celebrasse o culto da divindade asteca Uitzilopochtli.

2. Os tributos

Em sua maioria, as cidades pagavam tributos de uma a quatro vezes por ano, dependendo da natureza das mercadorias e produtos que forneciam. Com essa finalidade, funcionários imperiais, os *calpixque*, assistidos por escribas, mantinham em dia os registros de tributos, promovendo a arrecadação e o transporte, e assegurando que, em caso de não haver pagamento, fossem cultivadas terras cujos produtos seriam encaminhados ao México. Em

Figura 4. Traje cerimonial, com escudo e colar de pedras preciosas; parte do tributo pago pela província de Cuetlaxtlan. Do *Codex Mendoza*.

cada província estava instalado um *calpixque* com seu respectivo escritório.

Os registros de tributos que se conservaram até hoje (*Matrícula de Tributos, Codex Mendoza*) nos dão uma ideia da extraordinária variedade dos produtos assim coletados em quantidades consideráveis. Cada província era objeto de imposições segundo sua capacidade de produção, os recursos climáticos e os da flora e fauna. Quase todos deviam fornecer tecidos de algodão ou de *ixtle* (fibra de agave), cereais e grãos oleaginosos. As áreas tropicais eram taxadas em cacau e algodão bruto. Ouro em pó e objetos de luxo vinham de Tuxtepec, de Xoconochco e das províncias mixtecas; o cobre, de Tepequacuilco e Quiauhteopan; as turquesas, do litoral do golfo e de Oaxaca; as plumas de papagaio e de *quetzal*, das Terras Quentes; o caucho, de Tuxtepec; o papel, de Quauhnahuac e Oaxtepec; a cochonilha, de Oaxaca; e as madeiras para construção, das florestas otomi. Entre os artigos recolhidos pelos coletores, registram-se cachimbos, vasos em terracota, joias, cogumelos alucinógenos, incenso, mel, tinta, dentes de crocodilo, chifres de cabrito, peles de jaguar, armas, pássaros vivos para o "jardim zoológico" do imperador e serpentes vivas destinadas à alimentação desses pássaros.

Considerando-se apenas os artigos têxteis mais importantes, observa-se que anualmente se arrecadavam mais de 2 milhões de peças (*quachtli*) de algodão; 179.200 peças de tecido de fibra de agave; 136 mil tangas masculinas; 185.600 saias e corpetes; 561 ornatos cerimonais feitos de plumas. Ainda que não usassem moedas, o *quachtli* e seu múltiplo, "carregamento" de 20 unidades, serviam de medida: considerava-se um "carregamento" como o necessário para que um homem se sustentasse durante um ano.

Vejamos alguns exemplos: Toluca devia fornecer, duas vezes por ano, 400 carregamentos de peças de algodão, 400 carregamentos de mantas em *ixtle* decoradas, 1.200 carregamentos de peças de tecido de *ixtle* branco, e, uma vez por ano, seis "celeiros" de milho, vagens e grãos oleaginosos, e mais 22 trajes solenes. Quahuacan dava quatro vezes por ano 3.600 travas e painéis; duas vezes por ano, 800 carregamentos de peças de algodão e outro tanto de tecido *ixtle*; uma vez por ano, 41 trajes de cerimônia e quatro "celeiros" de cereais. Quauhnahuac contribuía para o tesouro imperial duas vezes por ano com 3.200 carregamentos de mantas de algodão, 400 carregamentos de tangas, 400 carregamentos de trajes femininos, 2 mil vasos de cerâmica, 8 mil resmas de papel; e, uma vez por ano, com oito trajes de cerimônia e quatro "celeiros". Tlalcozauhtitlan só entregava 800 carregamentos de tecidos de algodão, 200 jarras de mel e um traje de luxo, mas fornecia ainda 20 vasos de *tecozauitl*, um tipo de terra amarelo-clara, que as elegantes do México usavam como pintura para o rosto. Tuxtepec, além de enviar aos *calpixque* tecidos e vestimentas, fornecia principalmente 16 mil bolas de caucho, 24 mil ramos de plumas de papagaio, 80 ramos de plumas de *quetzal*, um escudo de ouro, um diadema de ouro, colares e outras joias desse metal, de âmbar e de cristal de rocha. Além disso, as cidades e vilas do vale do México obedeciam a uma escala de atendimento para a conservação dos palácios, fornecendo, cada qual por sua vez, serviçais domésticos e gêneros alimentícios.

Conforme os acordos concluídos entre Tenochtitlán, Texcoco e Tlacopan, ao se fundar a Tríplice Aliança, as duas primeiras cidades receberiam cada qual 2/5 dos tributos, ficando o último quinto reservado a Tlacopan. É provável, portanto, que o imperador asteca e seus principais dignitários ficassem com a parte do leão. Mercadorias, tecidos e cereais acumulavam-se no palácio imperial, dentro dos *petlacalco*; nos escritórios dos *calpixcacalli*, os escribas se encarregavam da contabilidade. O funcionário que prevaricasse, desviando em seu proveito parte do tributo, era punido com pena de morte e tinha sua casa e seus bens confiscados.

O "tesouro público" não se distinguia do tesouro privado do soberano. Este se locupletava do *petlacalco*, tanto para custear as imensas despesas palacianas como para distribuir ao povo víveres e vestimentas, pagar os funcionários, artesãos e escultores, prover os santuários e abastecer os exércitos. Em tempos de escassez, abriam-se os celeiros imperiais. Sem dúvida, a administração asteca era severa, mas exata e equitativa.

O tributo desempenhava um papel primordial na vida econômica do Império. Dois outros fatores importantes, porém, devem ser mencionados quanto a isso. Primeiro os mercados, alguns dos quais, como o de Tlatelolco, eram verdadeiras cidades onde se trocavam enormes quantidades de produtos, transportados de barco pelo lago e pelos canais dessa cidade lacustre. Em seguida, os negociantes (*pochteca*), comerciantes esforçados e ao mesmo tempo aventureiros combativos, que penetravam até o âmago dos territórios insubmissos para vender utensílios de cobre ou obsidiana, tecidos, peles de coelho, ervas medicinais, vestimentas bordadas, joias; e para dali trazer jade, pedras e plumas preciosas, âmbar e peles de jaguar. Algumas das matérias-primas obtidas pelo México por meio dos tributos, como o algodão bruto e o ouro, eram remetidas para o sul, transformadas em joias e trajes de luxo.

Assim se apresentava o Império Asteca na época da invasão espanhola: um mosaico de pequenos estados muito diversificados quanto a línguas e etnias, amplamente autônomos, porém avassalados pelo poderio militar de uma confederação tricéfala, ela própria dominada pelo México. O tributo e o comércio faziam afluir imensas riquezas à capital; ao mesmo tempo, a supressão de barreiras políticas no interior desse vasto território contribuía para uma fermentação geral de ideias, costumes e técnicas, condição fundamental para a síntese que constitui, a rigor; a civilização asteca propriamente dita.

CAPÍTULO III. SOCIEDADE E GOVERNO

Ao se fixar no vale do México, a tribo asteca apresentava-se como uma sociedade homogênea e igualitária, essencialmente guerreira; seus membros-soldados e cultivadores (ou caçadores e pescadores) não reconheciam qualquer outra autoridade senão a dos sacerdotes, eles próprios guerreiros e intérpretres dos oráculos de Uitzilopochtli.

Entre o fim do século XIII e o início do século XIV, produziu-se uma profunda mutação sob o duplo efeito da influência cultural e política exercida sobre os astecas pelos povos vizinhos e também das próprias conquistas destes últimos. Da mesma forma que Tenochtitlán, que de aldeia tribal se havia transformado em uma grande capital imperial e cosmopolita, também a tribo se havia transformado em uma sociedade hierarquizada, regida por estruturas complexas e ordenada por um Estado dispondo de um aparelho administrativo e judiciário. O nível de vida das diversas categorias populacionais e sua respectiva posição no interior da sociedade diferiam amplamente entre si.

1. O povo

Denominavam-se *maceualtin* (singular: *maceualli*) os simples cidadãos, membros da tribo e, em consequência, de uma das frações desta, denominada *calpulli*. Ao *maceualli* cabia prestar serviço militar, e pagar impostos, e não podia subtrair-se ao trabalho coletivo (corveia), como a conservação de caminhos e canais, a construção de monumentos, diques etc. Em compensação, tinha direito, a partir da maioridade, isto é, de seu casamento entre 20 e 25 anos, a um lote de terra para nela construir sua casa e cultivar seu campo e seu jardim. Esse lote lhe era concedido pelo chefe de seu *calpulli*. Tomava parte na intensa vida religiosa de seu bairro e da cidade, e podia, sobretudo quando alcançava determinada idade, integrar um conselho que se reunia em torno do chefe local. Seus filhos, meninos ou meninas, recebiam educação gratuita nas escolas do quarteirão. Pagava impostos, porém recebia gêneros alimentícios, peças de tecido e vestimentas, tanto por ocasião das distribuições regulares (particularmente no oitavo mês, Uey Tecuilhuitl), como quando o soberano decidia vir em auxílio do povo nos períodos de escassez, inundações ou outras calamidades.

Destituído de ambições e de oportunidades, o *maceualli* poderia despender toda a sua vida dentro do quadro estreito de sua condição, agricultor-soldado, convocado ocasionalmente ao serviço das armas, mas consagrando o tempo sobretudo ao seu terreno e à sua família. Nessa sociedade guerreira, porém sedenta de prestígio, a educação e a religião pressionavam os homens para a carreira militar, que lhes abriria caminho aos mais altos cargos. A hierarquia militar era determinada pelas façanhas que cada qual conseguisse realizar: o guerreiro que houvesse capturado determinado número de adversários (a princípio um, depois quatro) para os sacrificar ascendia aos escalões iniciais. Posteriormente, graças a seus méritos, iria adquirindo novos títulos, tais como o de *Otomitl*, com direito a usar determinadas joias e emblemas e a tomar parte nas grandes danças rituais. Distinguido por seus chefes e pelo imperador, era admitido a uma de suas ordens militares: a dos cavaleiros-águias, soldados do sol; ou a dos cavaleiros-jaguares, guerreiros de Tezcatlipoca. Finalmente, uma parte dos comandos mais elevados, imediatamente abaixo do imperador generalíssimo, era reservada aos guerreiros mais valorosos e experientes. As frequentes e longas expedições a territórios longínquos, a manutenção de guarnições permanentes pelos quatro cantos do Império e a complexidade da máquina administrativa induziam inúmeros astecas a adotar definitivamente o ofício das armas, como soldados, oficiais ou governadores, ou como guardas encarregados de aplicar as decisões dos tribunais. Naturalmente, nem todos chegavam ao ápice da carreira. Mas, quando chegavam à idade de se retirar da atividade militar, os guerreiros inativos terminavam os seus dias pacificamente em algum cargo público. Por outro lado, jovens de ambos os sexos podiam consagrar-se ao serviço religioso. Muito numerosos e influentes, os sacerdotes ocupavam desde as "paróquias" de bairro até as mais altas funções sacerdotais, isto é, as dos grandes sacerdotes; nenhuma dessas funções, contudo, era vedada aos "plebeus". Além das carreiras militar e sacerdotal, uma multiplicidade de profissões administrativas se oferecia aos homens do povo: escribas e contínuos a serviço dos juízes; prepostos na administração dos mercados; responsáveis pela conservação ou limpeza da cidade, mensageiros etc. Enfim, os *maceualtin*, homens ou mulheres, exerciam inúmeros ofícios que, embora modestos, não eram malvistos: venda de produtos alimentícios (a mãe do imperador Itzcoatl fora vendedora de legumes), distribuição de água potável, carpintaria, cerâmica, tecelagem e bordado, fabricação de sal, curtumes etc. Outros pescavam e caçavam pássaros aquáticos nas lagunas ou caçavam cabritos e lebres no planalto e nas montanhas.

Assim, a categoria dos simples cidadãos livres diversificava-se na medida em que evoluía a própria sociedade asteca. Nela se recrutava amplamente a elite dirigente, para que esta se renovasse, e assim o mais humilde dos mexicanos poderia aspirar a que seus méritos o conduzissem um dia ao topo da pirâmide social.

2. Os escravos

Designa-se tradicionalmente por esse termo, malgrado inexato, os *tlatlacotin* (singular: *tlacotli*), que compunham a classe mais baixa da sociedade. Subdividia-se em diversas categorias: prisioneiros de guerra destinados ao sacrifício por ocasião das grandes cerimônias; condenados pela justiça civil, os quais não cumpriam pena de prisão, mas eram obrigados a trabalhar para a coletividade ou para pessoa que haviam prejudicado; os homens e mulheres que se vendiam voluntariamente por se haverem arruinado no jogo ou pela bebida; e, enfim, servidores que uma família colocava à disposição de um senhor para saldar uma dívida (esse costume foi abolido em 1505).

Não me parece que tenham existido escravos entre os astecas durante a migração, nem nos primórdios de sua vida urbana. No início do século XVI, contudo, numerosos *tlatlacotin* trabalhavam em terras de dignitários, carregavam fardos nas caravanas dos negociantes e atendiam o serviço doméstico dos nobres. Mulheres escravas fiavam, teciam e bordavam.

Seu *status* tinha um traço em comum com o dos escravos da Antiguidade greco-romana: eles não eram, ou não eram mais, cidadãos — pertenciam a um senhor. Mas as analogias acabavam aí. O *tlacotli* era alojado, nutrido e vestido como qualquer outro indígena, tratado com doçura (dizia-se que Tezcatlipoca era protetor dos escravos e de "seus filhos bem-amados"; e castigava duramente os senhores que os maltratassem), podia possuir bens, terras, casas e mesmo outros escravos. Era-lhes permitido desposar uma mulher livre. Seus filhos eram livres. As possibilidades de libertação eram numerosas: recompra, alforria por testamento do senhor, apelo à proteção do imperador; e de tempos em tempos os soberanos decretavam libertações em massa. Por exemplo, a escravidão penal, como punição de um furto, poderia ser substituída pelo reembolso daquilo que houvesse sido furtado. O ato pelo qual um homem ou uma mulher se vendia como escravo consistia em um contrato solene concluído na presença de pelo menos quatro testemunhas. O preço convencionado era imediatamente depositado — por exemplo, um carregamento de *quachtli* (20 peças de tecido) — permanecendo o *tlacotli* em liberdade enquanto esse capital não tivesse sido despendido. O senhor não tinha o direito de revender o escravo, a menos que este se tivesse mostrado desonesto, preguiçoso ou beberrão; deveria ainda comprovar, por meio de testemunhas, que por três vezes o escravo não se desincumbira de seus deveres. Somente depois que três senhores tivessem sucessivamente precisado revendê-lo, era o escravo lançado ao mercado de Azcapotzalco, arriscando-se a ser comprado por corporações de negociantes ou artesãos para ser sacrificado aos deuses.

Não se deve confundir com escravos uma categoria especial de não cidadãos: os camponeses sem terra, meeiros e/ou arrendatários, que viviam nos domínios de certos grandes senhores. Eles não pagavam impostos nem estavam sujeitos à corveia, mas prestavam serviço militar. A origem dessa "mão de obra rural" (*tlalmaitl*) é obscura; trata-se sem dúvida de indígenas que não pertenciam à tribo asteca, e haviam precisado fugir de sua própria tribo em consequência de guerras ou agitações políticas, para se colocarem sob a proteção de um dignitário mexicano.

3. Os artesãos

A ourivesaria, a joalheria, a cinzelagem de pedras semipreciosas e o mosaico de plumas constituíam, entre os astecas, atividades importantes e respeitadas, a ponto de mesmo os senhores mais nobres não desdenharem de lhes consagrar o seu lazer.

Os artesãos que trabalhavam em metais preciosos, jades, turquesas e plumas tinham o título de "toltecas", visto que se atribuía a invenção dessas técnicas à antiga civilização Tula e seu herói simbólico, o rei-deus Quetzalcoatl.

Agrupavam-se em corporações formadas em seus próprios bairros, com deuses e ritos próprios. Os ourives adoravam Xipe Totec, o deus yopi das montanhas de Oaxaca. Os lapidários celebravam sua festa anual em Xochimilco, antiga cidade tolteca às margens do lago, de onde se haviam originado seus ancestrais. Os artistas da pluma consideravam-se "os mais antigos habitantes" do país, e tinham por deus um estranho ídolo semelhante a um lobo. Seu bairro, Amantlan, fora outrora um povoado inimigo, e ainda que incorporados de longa data à sociedade do México, não eram propriamente astecas. Todos esses artesãos viviam entre si, transmitindo seu ofício de geração a geração nas mesmas famílias. Suas mulheres teciam e bordavam. Eles trabalhavam tanto a domicílio como em oficinas instaladas nos palácios dos soberanos e dignitários, sendo, ao que parece, altamente remunerados. Os chefes de suas respectivas corporações representavam-nos diante dos tribunais. Pagavam impostos em artigos de sua especialidade, não estando, porém, obrigados à corveia.

4. Os negociantes

Enquanto o pequeno comércio, como vimos, estava em mãos dos *maceualtin*, poderosas corporações de comerciantes, os *pochteca*, detinham o monopólio do comércio exterior de luxo. Atuavam em

Tenochtitlán, Tlatelolco (onde eram particularmente influentes), Texcoco, Azcapotzalco e muitas outras cidades.

Com seu deus particular, Yiacatecuhtli, seu ritual, seus próprios chefes e tribunais, os *pochteca* mostravam-se uma classe poderosa, em plena ascensão em uma sociedade onde representavam a fortuna privada, o luxo e a opulência, em contraste com o ideal austero e marcial da classe dirigente. Sob o reinado de Auitzotl, eles se impuseram à consideração dos dignitários mexicanos, depois que uma caravana de comerciantes atacada por tribos hostis no istmo de Tehuantepec conseguiu uma espantosa vitória após quatro anos de combates.

O imperador declarou que eles dali por diante seriam "seus tios" e lhes conferiu o privilégio de usar joias de ouro. O papel dos *pochteca* foi se tornando desde então cada vez mais importante. Comerciantes sagazes, prudentes, mas também combatentes enérgicos e hábeis agentes de informações, não hesitavam em penetrar em províncias insubmissas, disfarçados à moda de seus habitantes e falando sua língua. Frequentemente, as agressões de que eram alvo serviam de pretexto bélico para justificar novas conquistas dos astecas.

Seu *status*, entretanto, era ainda intermediário entre o povo e a classe dirigente. Pagavam impostos em mercadorias e evitavam cuidadosamente ostentar suas riquezas, salvo por ocasião dos magníficos banquetes das corporações, aos quais os altos dignitários não desdenhavam de comparecer. Seus filhos podiam entrar no *calmecac*, isto é, o colégio superior em princípio reservado à aristocracia. Não tinham representação no grande conselho de Tenochtitlán, mas em Texcoco tinham acesso ao Conselho de Finanças. A esposa favorita do rei de Texcoco, Nezaualpilli, "a dama de Tula", era filha de um negociante. Entretanto, diz o historiador indígena Ixtlilxochitl:

> ela era tão culta que podia admoestar o rei e os mais sábios, e era muito hábil em poesia. (...) Mantinha o rei bem submisso à sua vontade (...). Levava uma vida destacada, com grande fausto e majestade, em um palácio que o rei mandara construir para ela.

Assim, essa classe mercantil — evidentemente nova, de vez que a tribo asteca, ao tempo da migração, não conhecera nada semelhante — estava em via de conquistar seu lugar ao lado da aristocracia militar e sacerdotal. Diversamente desta, ela não recrutava novos elementos do povo: como artesãos, os *pochteca* transmitiam a mesma profissão de pai para filho.

5. Os dignitários

No ápice da sociedade, uma dupla hierarquia dominava a cidade asteca: a dos dignitários e a dos sacerdotes.

O título de *tecuhtli* — senhor ou dignitário — distinguia os que eram investidos de altas funções militares ou civis. Assim como em Roma antiga, uma brilhante carreira implicava ao mesmo tempo funções civis e militares, finalizando com atribuições judiciárias. O *tecuhtli* — quer fosse imperador ou membro do grande conselho, governador ou juiz — não pagava impostos e não se ocupava de agricultura. As terras que lhe eram atribuídas — constituindo frequentemente vastos domínios — eram cultivadas para ele pelos *maceualtin*, ou seja, rendeiros ou escravos. Ele se beneficiava da distribuição de tributos e recebia, segundo seu escalão, vestimentas, joias, pedras preciosas e plumas. Seu palácio era construído e mantido às expensas do erário público; dispunha de servidores, escravos, escribas e todo um estado-maior de pequenos funcionários. Em um país sem moeda, pode-se afirmar que todas essas prestações em espécies e em serviços representavam os "emolumentos" dos dignitários.

Os mais antigos e também menos importantes dos dignitários foram os chefes de *calpulli*, cuja origem remonta aos tempos obscuros da migração. Eram eleitos vitaliciamente pelos homens casados de sua fratria. Em princípio, eram escolhidos dentro de uma mesma família, levando-se em conta, porém, as aptidões dos possíveis candidatos. Em Tenochtitlán, sob o regime imperial, respondiam perante o *Uey Calpixqui*, prefeito da cidade. Sua principal função consistia em manter em dia o registro de terras de seu *calpulli*, distribuir lotes às novas famílias, aplicar advertências aos homens que negligenciassem sua terra e eventualmente, confiscar as terras não cultivadas. Eram assistidos nessas tarefas pelos escribas e por um conselho de anciãos.

O princípio da designação dentro de certas famílias vigorava para o conjunto dos dignitários, inclusive para a dinastia imperial e para o *Ciuacoatl*, que será examinado mais adiante.

Não se tratava de uma verdadeira "nobreza" hereditária, ou melhor, essa nobreza se achava em formação. Em princípio, as terras, domínios e palácios dos senhores não lhes pertenciam como propriedade absoluta, apenas como usufruto. Contudo, as grandes famílias tendiam a se perpetuar. O filho de um *tecuhtli* era titulado *pilli*, tinha direito à educação superior transmitida pelos sacerdotes nos *calmecac* e recebia determinados domínios, os *pillalli*. Os *soberanos* designavam, de preferência, um *pilli* como embaixador, governador ou juiz. Assim, ainda que constantemente enriquecida pela contribuição de uma elite de origem popular, a aristocracia se consolidava com privilégios econômicos e políticos. Uma família "nobre", entretanto, poderia recair na obscuridade no espaço de uma ou duas gerações, caso os filhos não se mostrassem dignos dos pais. Inversamente, por ocasião das grandes batalhas e de conquistas importantes, os soberanos elevavam dezenas de homens do povo à dignidade de *tecuhtli*.

Em troca das vantagens de que se beneficiavam, os dignitários devotavam todo o seu tempo e energia ao serviço público. As leis e costumes condenavam severamente o funcionário indigno e o juiz prevaricador. A incontinência pública dos "nobres" era punida bem mais severamente do que a dos simples cidadãos.

6. Os sacerdotes

A despeito da importância primordial da religião na vida asteca, as funções religiosas não se confundiam com as funções governamentais. O Estado asteca, impregnado de religião, não era uma teocracia.

A hierarquia religiosa compreendia, da base ao cume: simples servidores dos templos de bairro; sacerdotes superiores que controlavam a prática do culto nas províncias (os espanhóis os compararam aos bispos); incontáveis servidores dos grandes templos do México (aí compreendidas as sacerdotisas); o *Mexicatl Teohuatzin*, espécie de vigário-geral assistido por dois coadjuvantes; por fim, os dois grandes-sacerdotes, iguais em título e poder, ambos denominados "Serpentes de Plumas", um dos quais se consagrava ao deus solar asteca Uitzilopochtli, e o outro, à antiga divindade da água e da chuva, Tlaloc, adorada há milênios pelos camponeses indígenas.

Em Tenochtitlán, cada divindade tinha seu santuário e seus próprios servidores em funções estritamente determinadas. Presos ao celibato, os sacerdotes não somente se desincumbiam das obrigações do culto, como também da educação dos jovens aristocratas em colégios denominados *calmecac*. Dirigiam também os hospitais para pobres e doentes. Guardavam os livros sagrados e os manuscritos históricos. Acumulando grandes riquezas em terras, víveres e objetos preciosos de todo tipo, graças à devoção tanto dos soberanos como dos particulares, os templos dispunham de imensos recursos administrados por um tesoureiro-geral, o *tlaquimiloltecuhtli*. Do alto das pirâmides, em determinadas horas da noite ou do dia, o som rouco de conchas e a batida de gongos de madeira saudavam o movimento dos astros e regiam a vida das cidades.

Pouco se sabe sobre o processo de designação dos sacerdotes. Os dois "Serpentes de Plumas" eram sem dúvida nomeados pelo grande conselho e escolhiam de comum acordo o *Mexicatl Teohuatzin*. Nessa escolha não intervinha qualquer tipo de consideração sobre o nascimento, sendo levados em conta apenas os méritos e conhecimentos. Na base, o recrutamento de noviços dependia das famílias, que desejavam destinar ao serviço dos deuses tal ou qual de seus filhos. Menino ou menina, o noviço poderia decidir casar-se e renunciar ao sacerdócio.

Os sacerdotes não pagavam impostos. Alguns dentre eles combatiam voluntariamente nos exércitos. Levavam vida monástica nos templos e *calmecac*, infligindo-se jejuns e severas penitências. Tinham, como os dignitários, representação no grande conselho e no colégio eleitoral que designava o imperador.

7. A riqueza

A princípio, cada membro da tribo asteca dispunha em usufruto de um lote de terra posto à sua disposição por seu *calpulli*. O chefe da fratria, assistido por um conselho de anciãos, mantinha em dia os registros do cadastro. A terra era a única riqueza e pertencia à coletividade.

Ocorreram, porém, duas profundas transformações históricas. Primeiro, as conquistas que, desde o reinado de Itzcoatl, permitiram ao imperador asteca, aos reis aliados e aos dignitários dispor de domínios ampliados, isto é, as chamadas "Terras de Guerra" ou "de Comando", cujas rendas lhes eram reservadas. Ainda que teoricamente a propriedade da terra não fosse privada, mas coletiva, na prática tendia a se constituir uma riqueza fundiária em proveito da classe dirigente. Além disso, o tributo e sobretudo o comércio em mãos dos *pochteca* fizeram fluir para o México quantidades imensas de mercadorias raras e preciosas, como algodão, cacau, caucho, jade, turquesas e plumas de *quetzal*. Assim, formava-se uma fortuna "mobiliária", parte da qual os dignitários redistribuíam em forma de presentes ou remuneração, enquanto os comerciantes, vivendo modestamente e dissimulando as riquezas, as acumulavam em seus entrepostos.

O que hoje em dia denominamos "nível de vida" do povo não se alterou praticamente nada desde o início. A aristocracia militar, apesar de professar oficialmente o ideal de frugalidade "espartana" dos velhos tempos, se entregava cada vez mais ao luxo, do qual os soberanos, com seus palácios e jardins, seus haréns e tesouros, suas vestimentas de plumas e joias, eram os primeiros a dar exemplo. Quanto aos negociantes, sem ostentar qualquer fausto exterior, detinham as riquezas sobre as quais se fundava uma influência crescente.

8. O governo

Ao penetrar no planalto Central, a tribo asteca defrontou-se com cidades-estados estruturadas segundo o modelo tolteca: o poder à frente de cada uma delas pertencia a um chefe, o *tlatoani* ("aquele que fala" ou "que comanda"), saído da aristocracia militar, eleito vitaliciamente no seio de uma mesma família, a dinastia, e assistido por um ou vários conselhos. Os mexicanos, como vimos, esforçaram-se para se conformar a esse modelo. Durante os primeiros reinados, uma assembleia geral de guerreiros elegia o soberano. A medida, porém, que a cidade se desenvolvia e se ampliavam os territórios conquistados, o colégio eleitoral, ao inverso, foi se tornando mais restrito. A partir de Auitzotl, esse colégio não abrangia mais que uma centena de membros: os 13 dignitários supremos, membros do grande conselho; os representantes dos guerreiros e dos sacerdotes; e outros membros designados para representar os diversos bairros. Estava inteiramente sob controle da oligarquia militar e sacerdotal.

O diadema de ouro e turquesas e o manto verde-azulado que constituíam as insígnias do poder supremo permaneceram ininterruptamente na mesma família, desde Acamapichtli até Motecuhzoma II, passando às vezes para um filho e outras vezes para um irmão ou sobrinho do *Tlatoani* morto. O colégio eleitoral podia escolher entre diversos candidatos possíveis, levando em conta suas aptidões para o comando. Em Texcoco, a sucessão se dava, em princípio, de pai para filho, mas não sem dificuldades, devido à poligamia praticada pelos soberanos. Nezaualpilli, por exemplo, tinha aproximadamente 40 esposas, sem falar das inúmeras concubinas. Na época da conquista espanhola, viu-se um infeliz candidato, Ixtlilxochitl, aliar-se a Hernán Cortez contra um de seus irmãos.

Motecuhzoma I introduziu uma importante inovação na estrutura de poder, designando seu irmão Tlacaeleltzin como uma espécie de vice-imperador, com o título, religioso na origem, de *Ciuacoatl*. Em tudo réplica do *Tlatoani*, o *Ciuacoatl* organizava expedições militares, julgava apelações, substituía o imperador ausente e presidia o grande conselho nos interregnos. Todos os historiadores nativos retratam Tlacaeleltzin como uma personalidade excepcional. Após sua morte, essas funções passaram a ser exercidas sucessivamente por seus filhos e seus netos, o último dos quais foi batizado em 1521 com o nome de Don Juan Velásquez. Portanto, em Tenochtitlán havia duas dinastias paralelas, cujo ancestral comum fora o segundo soberano, Uitziliuitl.

Simultaneamente com o imperador, elegiam-se os quatro grandes dignitários, dentre os quais o *tlacateccatl* ("o que comanda os guerreiros") e o *tlacochcalcatl* ("o encarregado da casa dos dardos"). Essas funções eram frequentemente exercidas por parentes diretos do soberano, que poderiam ser chamados a sucedê-lo: Motecuhzoma II foi *tlacochcalcatl* de seu pai Auitzotl, que tivera ele próprio o título de *tlacateccatl* antes de sua eleição.

Essas designações não se faziam através de eleições pelo colégio eleitoral, mas eram declaradas por unanimidade após um debate proposto pelo *Ciuacoatl*. A doutrina oficial sustentava que os grandes eleitores tomavam essa decisão por inspiração de Tezcatlipoca. O poder do imperador era, portanto, de origem divina. Uma vez eleito, o soberano devia submeter-se a um complexo cerimonial: render homenagem aos deuses, escutar e pronunciar longas alocuções moralizantes. Ressaltavam-se dois aspectos de seus deveres: de um lado, suas obrigações com relação aos deuses, notadamente Uitzilopochtli e Tezcatlipoca; e, de outro, a proteção que ele devia oferecer ao povo asteca. Era exortado a se mostrar generoso, clemente e justo. Respondendo aos discursos, o imperador evocava os pesados encargos do poder, pedindo em seu auxílio a assistência das divindades, e alertava o povo contra a embriaguez e o roubo.

Sob as fórmulas de uma retórica rebuscada, percebia-se claramente a noção de bem público e o sentido dos deveres do soberano. A aristocracia asteca tinha um conceito muito elevado de Estado. Conhecemos o texto de uma invocação dirigida a Tezcatlipoca por um grande sacerdote, pedindo ao deus que fizesse morrer um soberano indigno, "cujo coração está armado de espinhas", que "não aceita conselho de pessoa alguma" e se conduz "como um ébrio sem cérebro". É provável que Tizoc tivesse sido envenenado em 1486 por ter sido julgado abaixo de seus deveres. Além do *Tlatoani*, do *Ciuacoatl* e dos quatro grandes dignitários, o grande conselho, *Tlatocan* ("o lugar da palavra" ou "do comando"), era consultado antes de toda e qualquer decisão importante. O conselho podia inclusive rejeitar até três vezes uma proposição do imperador, mas devia submeter-se a uma "quarta mensagem". O conselho, primitivamente eleito pelas frações territoriais, foi se tornando um órgão restrito, cujos membros eram designados pelo soberano ou recrutados por cooptação. Além dos dignitários já mencionados havia uma hierarquia de funcionários de alto nível, com títulos frequentemente obscuros, tais como *Tlillancalqui* ("guardião da casa sombria"), *Atempanecatl* ("Aquele da beira da água"), *Tlailotlac* (nome de uma tribo estrangeira). O *Mexicatl achcauhtli* comandava a guarda. O *Petlacalcatl* era responsável pelos celeiros e armazéns onde se acumulavam os tributos. O *Uey calpixqui* ("grande mordomo") exercia simultaneamente as funções de prefeito da capital e "ministro das Finanças".

Em Texcoco, a segunda capital, o *Tlatoani* reinava sozinho, sem assistência de um *Ciuacoatl*, mas era assessorado por quatro conselhos: Governo e Justiça, Finanças, Guerra e Música. Este último contava, entre suas atribuições, organizar concursos de poesia e aplicar as leis relativas a cultos e feitiçaria. É provável que nos primeiros tempos as cidades associadas na Tríplice Aliança compartilhassem a administração das províncias conquistadas, nas quais operavam militares e funcionários enviados por cada uma delas. Assim se procedia no apogeu do Império com relação às declarações de guerra: três delegações de embaixadores, representando respectivamente Tenochtitlán, Texcoco e Tlacopan, apresentavam-se sucessivamente nas cidades contras as quais a liga se preparava para guerrear. De modo geral, porém, era o México — isto é, o Governo asteca — que absorvia cada vez mais a essência do poder imperial, desempenhando Tlacopan apenas um papel muito pálido. As guarnições, os governadores e os *calpixque* coletores de impostos dependiam exclusivamente de sua autoridade. Quando os espanhóis chegaram ao México, os povos indígenas por eles encontrados reconheciam um único chefe do Império: Motecuhzoma. Texcoco tornou-se capital intelectual e literária e sede do tribunal superior de recursos que a cada 80 dias devia regularizar os assuntos pendentes. Enquanto isso, o poder militar, econômico e político do conjunto do Império estava concentrado nas mãos do soberano asteca, seus dignitários e seu grande conselho.

CAPÍTULO IV. A VIDA COTIDIANA

1. Vida rural e vida urbana

Tudo leva a crer que quando os "bárbaros astecas" (*Azteca chichimeca*) do século XII iniciaram sua migração ainda não praticavam a agricultura. A caça, a pesca (dizia-se que Aztlán era uma ilha no meio de um lago) e a coleta constituíam a base da sua subsistência. Foi em contato com as populações sedentárias do planalto Central que os mexicanos, à semelhança de outros "bárbaros", adotaram o modo de vida tradicional, com suas técnicas fundamentais praticamente inalteradas desde o IV milênio a.C., isto é, a cultura de milho, vagens, plantas oleaginosas (amaranto e sálvia), abóbora, tomate e pimenta; a tecelagem (fibras de agave: *ixtle*) e a cerâmica. Essas técnicas subsistiram até hoje no essencial como base da vida rural de todos os povos indígenas, quaisquer que fossem as suas etnias. Fixando-se nas ilhas do lado, os astecas aí encontraram terras escassas demais para o cultivo. Seu modo de vida inicial também era semelhante ao das tribos ribeirinhas, que se denominavam *atlaca chichimeca*, "povos bárbaros da água" ou "selvagens lacustres": os peixes, crustáceos e moluscos do lago, assim como os pássaros de água, em muito contribuíram para sua alimentação. É significativo que eles tenham adotado divindades próprias dos "selvagens lacustres" de Tláhuac e de Churubusco, e que tenham até mesmo cantado nos templos do México, hinos como o de Amimitl, o deus da caça aos pássaros aquáticos, expressos em "chichimeca", ou seja, um dialeto bárbaro incompreensível para os astecas.

No apogeu do Império, essa situação já estava profundamente alterada. Graças às suas conquistas, a tribo dispunha de extensas áreas no vale e nas províncias. O culto de Tlaloc e dos deuses do milho desempenhavam um papel preponderante no ritual. Todavia, uma parcela importante dos recursos alimentares ainda procedia da pesca e da caça. Por outro lado, uma considerável proporção da população asteca consagrava-se inteira ou parcialmente a atividades não agrícolas: serviço militar, sacerdócio, administração e artesanato. Os gêneros alimentícios provinham tanto de trocas, como dos impostos em espécie arrecadados nas províncias. Com os campos, hortas e jardins, as criações de perus e os bosques, os domínios atribuídos aos dignitários formavam unidades econômicas semelhantes às "vilas" romanas do Baixo Império. Ali se produzia toda a espécie de gêneros agrícolas; e as mulheres ou os escravos fiavam e teciam.

A cerâmica asteca, mais utilitária do que artística, parece ter sido produzida em massa nas oficinas. A cerâmica de luxo, maravilhosamente decorada com motivos policromados, era importada de Cholulá e do território mixteca. Foi por essa época que os astecas, à frente de um vasto Império, adotaram a vida urbana. Sua capital, Tenochtitlán, ampliada em 1476 pela anexação de Tlatelolco, estendia-se então por um milhar de hectares de ilhas e terras pantanosas, que dois séculos de labuta gigantesca haviam transformado em uma rede geométrica de canais, ruas e praças, verdadeira Veneza ligada às margens por três passagens elevadas: Tepeyacac, ao norte, Tlacopan, a oeste, e Iztapalapan, ao sul. A cidade abrigava de 80 mil a 100 mil domicílios, ou seja, um total de mais de 500 mil habitantes. Essa população estava em via de se ampliar, como a dos subúrbios costeiros, que também tendiam a avançar sobre a lagoa com casas construídas sobre pilotis. Toda a população, incluindo a de cidades como Azcapotzalco, Chapultepec, Coyoacán etc., devia ultrapassar 1 milhão de habitantes.

> Vendo tantas cidades e vilas situadas na água e outras tantas aldeias em terra firme — escreve o *conquistador* Bernal Díaz —, fomos tomados de admiração e nos dizíamos que lá estavam os encantamentos de que se fala no livro de Amadis; por causa das grandes torres e pirâmides que se elevavam da água, alguns soldados chegavam mesmo a se perguntar se aquilo não seria um sonho.

O centro da cidade fixou-se sobre a ilha rochosa, onde o grande sacerdote Quauhcoatl, respondendo ao apelo de deus, erigira o primeiro santuário Uitzilopochtli. Ali se erguia o *Teocalli*, pirâmide cujo topo se alcançava por meio de três escadarias de 120 degraus, encimada pelos santuários gêmeos de Uitzilopochtli e de Tlaloc. Sucessivamente ampliado pelos soberanos, esse tempo fora inaugurado no ano "Oito-Cana" (1487) pelo imperador Auitzotl. Ao seu redor, no interior de um vasto cinturão recortado por seteiras e decorado com cabeças de serpentes, elevava-se o templo arredondado de Quetzalcoatl, o templo de Tezcatlipoca, o da deusa terrestre Ciuacoatl, o de Coacalco, panteão consagrado ao culto de deuses estrangeiros, o do Sol e inúmeros outros santuários, casas de oração, campos de jogo ritual de bola, os *calmecac* (monastérios-colégios), o *Mecatlan* (escola de música), e também os arsenais (*tlacochcalli*) confiados a uma guarnição de elite. Era, em suma, uma verdadeira cidade santa, guarnecida de pirâmides e torres, que dominava (no atual bairro de Zocalo, onde se eleva a catedral de México e o palácio do presidente da República) a praça central, ao lado dos palácios imperiais edificados por Axayacatl, Auitzotl e Motecuhzoma II. Este último palácio, situado em um quadrilátero de aproximadamente 200m de lado, apresentava-se como um vasto conjunto de edifícios com um ou dois andares, agrupados em torno de jardins interiores. Ali se penetrava tanto por terra como de barco, através dos canais que o recortavam. A um tempo residência do soberano e centro político e administrativo, o palácio era composto de apartamentos, salas de reunião, tribunais, depósitos do tesouro, escritórios dos coletores de impostos, salas de música e dança, o *totocalli*, viveiro de pássaros tropicais, um jardim zoológico repleto de jaguares, pumas, aves de rapina e serpentes com caudas em chocalho. Nos jardins interiores, estavam plantadas as mais raras essências, trazidas de províncias diversas, ervas medicinais, e flores vistosas e perfumadas.

Dizia-se que o próprio Uitzilopochtli ordenara aos astecas que dividissem a cidade em quatro grandes bairros: a leste, Teopan ("o bairro do templo"); a oeste, Aztacalco ("casa das garças reais"); ao norte, Cuepopan ("lá onde desabrocham as flores"); ao sul, Moyotlan ("lugar dos mosquitos"). Esses quatro bairros abrigavam as fratrias territoriais ou *calpulli*, cada qual fornecendo um contingente de guerreiros. Por sua vez, cada *calpulli* possuía seu templo e sua "casa dos jovens", colégio de vocação sobretudo militar. As residências dos nobres, cujo luxo se aproximava tanto quanto possível dos palácios imperiais, as casas mais modestas dós negociantes e dos artesãos e as casas dos simples cidadãos situavam-se ao longo das ruas e canais. Por toda parte, a água do lago murmurava por entre as casas, e as canoas deslizavam silenciosamente pela cidade. Todos os transportes eram feitos por meio de embarcações.

O principal centro comercial da cidade situava-se em Tlatelolco. Sobre uma imensa praça rodeada de arcadas e próximo a uma pirâmide, existia um mercado, ao qual compareciam diariamente de 20 mil a 25 mil pessoas, e de 40 mil a 60 mil pessoas a cada cinco dias. Enormes quantidades de mercadorias, cada qual com uma localização determinada, eram aí trocadas: tecidos e vestimentas, plumas e joias, peles e plumagens, milho, vagens, pimentas, legumes, frutas e ervas, pássaros e caça, peixes, rãs vasos, utensílios de sílex, obsidiana e cobre, madeira, tabaco e cachimbos, móveis e esteiras. Havia lojas de boticários, cabeleireiros, vendedores de bolos de milho e guisados assados. Uma polícia especial zelava pela boa ordem do *tianquiztli* (mercado), e um tribunal composto de três magistrados estava permanentemente a postos para resolver os litígios.

A suntuosidade dos palácios dos poderosos maravilhou os conquistadores espanhóis. Cortez, Bernal Diaz, Andrés de Tapia e, mais tarde, os cronistas indígenas, como Tezozomoc e Ixtlilxochitl, descreveram com admiração essas esplêndidas residências. Em Texcoco, o rei Nezaualcoyotl ordenara a construção de um palácio com mais de 300 peças, com jardins ornados de fontes e chafarizes. Pássaros, peixes e outros animais eram aí conservados vivos ou representados em ouro ou pedra. Em Tetzcotzinco, o mesmo soberano criara um parque de extraordinária magnificência, irrigado por um engenhoso sistema de canais. Motecuhzoma dispunha de residências campestres, onde pássaros de toda espécie eram alimentados e tratados por uma multidão de serviçais.

Não é preciso dizer que as casas dos *maceualtin* eram muito simples. Cada casa, entretanto, possuía, em seu próprio terreno, um jardim e um banho a vapor (*temazcalli*).

Mesmo nas casas dos dignitários, o mobiliário reduzia-se a pouca coisa: esteiras (*petlatl*), cadeiras de espaldar em vime, mesas baixas, biombos ou para-ventos de madeira, cestos, pinturas em tecidos ou em peles. Nas casas populares, a lareira, cercada de três pedras, ocupava o centro da habitação. Cozinhava-se a lenha ou carvão vegetal. A iluminação se fazia por meio de tochas resinosas.

O México precisava de água potável, visto ser salobra a das lagunas. No início, os astecas puderam contentar-se com as fontes que brotavam entre os rochedos da ilha, onde se erigira o templo de Uitzilopochtli. Com o aumento da população, porém, tornou-se necessário construir, sob o reinado de Motecuhzoma o Antigo, o primeiro aqueduto para transportar até o centro da cidade a água das fontes de Chapultepec. Esse aqueduto, com cinco quilômetros de extensão, era formado por dois condutores, apenas um dos quais era utilizado de cada vez, enquanto se limpava o outro. No tempo de Auitzotl foi construído um segundo aqueduto entre Coyoacán e o centro. A água era distribuída por carregadores que circulavam de barco pela cidade. Vendiam-na também em jarros nos mercados.

Terríveis inundações devastavam periodicamente a cidade. Sob Motecuhzoma I, construiu-se, em 1449, um dique de 16 quilômetros de comprimento, destinado a proteger a cidade contra as inundações do grande lago. Auitzotl precisou fazer mergulhadores obstruírem a fonte da Acuecuexatl, cujas águas, jorrando com violência, haviam elevado o nível das lagoas, destruindo inúmeras casas. Nessa ocasião, ele distribuiu à população esfaimada 200 mil carregamentos de milho, vestimentas e 32 mil barcos.

Equipes de trabalhadores, sob a direção das autoridades locais dos bairros, asseguravam a manutenção dos canais e aquedutos e a limpeza das ruas. Testemunhos da época são unânimes em reconhecer a higiene das vias públicas. De modo geral, Tenochtitlán era uma cidade organizada e salubre. Cortez, escrevendo a Carlos V, louvou intensamente a beleza das construções, a organização da vida coletiva e a "razão que os índios emprestam a todas as coisas".

2. Meios de subsistência, culinária e refeições

Como todos os indígenas agricultores do México, os astecas, ao se tornarem sedentários, alimentavam-se essencialmente de milho (em cozidos, bolos, ou pequenos pãezinhos cozidos no vapor, os *tamalli*), feijão, abóbora, pimenta e tomate. Os grãos de *huauhtli* (amaranto) e de *chian* (sálvia) eram usados em mingaus. No México e em torno do lago, consumiam-se peixes, crustáceos, batráquios e até insetos aquáticos.

Os peixes e ostras do mar chegavam até o planalto Central para consumo exclusivo, é claro, das camadas mais elevadas. Os mexicanos podiam também consumir carne de animais domésticos: perus, patos, coelhos, uma espécie de cão sem pelo criado especialmente com essa finalidade, aves, porcos selvagens, lebres selvagens e cabritos. O povo mesmo, entretanto, os consumia muito raramente.

Devemos acrescentar a essa lista plantas selvagens comestíveis (*quilitl*), colhidas nos campos, das quais os astecas conheciam uma surpreendente variedade. Como bebida, somente os dignitários e comerciantes ingeriam o cacau, produto exótico originário das terras tropicais; bebiam-no geralmente ao final das refeições. O *octli*, bebida fermentada à base de suco de agave (atualmente *pulque*), não podia ser consumido senão em certas ocasiões rituais, e pelos homens e mulheres de idade avançada: a embriaguez era severamente reprimida.

Comumente, os astecas faziam três refeições diárias: pela manhã, uma pequena refeição frugal; uma refeição principal ao início da tarde (seguida de uma curta sesta, quando possível); e uma ligeira ceia à noite. Para a massa da população, a grande refeição principal resumia-se o mais das vezes a bolos de milho e feijão com molho de pimenta e tomate. Os dignitários, porém, podiam escolher entre as numerosas especialidades de uma cozinha rica e fortemente condimentada: acepipes, carnes assadas ou cozidas, *tamalli* com caramujos, peixes e batatas-doces.

Apresentavam-se diariamente a Motecuhzoma mais de 300 pratos, entre os quais ele fazia sua escolha. Comia sozinho, sentado sobre um *icpalli*, diante de uma mesa baixa, servido por "quatro mulheres belíssimas e limpas", que lhe traziam lavandas e guardanapos. Tinha frutas de sobremesa, bebia cacau e fumava, enquanto bufões, anões e acrobatas disformes executavam seus números para diverti-lo. Em seu palácio, preparava-se 1 milhão de pratos para as pessoas que lá se encontravam. O imperador e os dignitários tinham a seu serviço uma multidão de funcionários, sacerdotes e artesãos, aos quais forneciam alimentação.

Se o cidadão comum se deitava cedo, após ter ingerido uma tigela de bolo de milho ou de amaranto, os dignitários e negociantes frequentemente ceavam até a aurora. Consumiam-se imensas quantidades de pratos à base de peru e cachorro, bebia-se chocolate com baunilha e mel, fumavam-se inúmeros "cachimbos", isto é, bambus ricamente decorados e repletos de tabaco, carvão de madeira e aromatizantes. Em certos banquetes, oferecidos quando os negociantes se preparavam para partir em alguma expedição, distribuíam-se aos convivas cogumelos alucinógenos (*teonanacatl*: "cogumelo divino"), sendo as visões, felizes ou aterradoras, que esses cogumelos provocavam interpretadas como prenúncios do futuro.

Nas refeições em família — por exemplo, por ocasião de um casamento —, distribuía-se *octli* aos velhos e velhas, que se inebriavam copiosamente.

3. Vestuário e ornamentos

Os homens usavam uma tanga (*maxtlatl*), cujas extremidades, frequentemente bordadas, desciam na frente e atrás até a altura dos joelhos, e se envolviam em um manto (*tilmatli*), peça de tecido retangular presa sobre as espáduas, debaixo do qual usavam, às vezes, algum tipo de camisa, ou túnica. A mulher se cobria com um corpete (*huipilli*) e uma saia (*cueitl*). Embora a roupa habitual dos homens fosse drapeada, as vestes militares eram costuradas e ajustadas, formando uma espécie de túnica estofada de algodão, que terminava em calças descendo até os tornozelos. O guerreiro recobria a testa com um capacete de madeira, plumas e papel, representando a cabeça de uma águia ou jaguar, mandíbulas de serpente etc.

Usava-se a fibra de agave ou *ixtle* na confecção de tecidos para os cidadãos mais modestos. Mas o algodão, importado das Terras Quentes, constituía a matéria-prima mais difundida. A pele de coelho, especialidade do artesanato asteca, era fiada e tecida para

Figura 5. O rei de Texcoco, Nezaualpilli, trajado com um *maxtlatl* e um *tilmatli* com decoração geométrica. Desenho atribuído a Ixtlilxochitl. Biblioteca Nacional (Paris), Gabinete dos Manuscritos (*in* Jacques Soustelle, *La vie quotidienne chez les Aztèques*. Paris, Hachette).

a fabricação de cobertores ou mantas de inverno. Tanto as mantas masculinas como os corpetes e as saias femininas testemunham a engenhosidade e o bom gosto dos tecelões: motivos geométricos ou figurativos, animais estilizados (coelhos, borboletas, peixes) e flores decoravam as vestimentas. A moda inspirava-se nas luxuosas criações das populações do leste — os totonaques em particular —, cujas mantas e saias policrômicas eram especialmente apreciadas no México. As grandes damas astecas, entretanto, demonstravam maior moderação em seus complementos que as dos povos vizinhos. Certas cores correspondiam a determinadas funções: o "manto de turquesa" verde e azul era exclusivo do imperador; o manto branco e negro, do *Ciuacoatl*. Os sacerdotes vestiam-se de preto ou verde-escuro. Embora muitos homens do povo andassem descalços, os dignitários usavam amplamente sandálias (*cactli*) de fibra ou de couro, com salto e enriquecidas de ouro, pedrarias e peles de jaguar.

As mulheres utilizavam espelhos de pirita ou obsidiana, untavam o rosto com um unguento amarelo-claro denominado *axin*, ou com uma terra da mesma cor (*tecozauitl*), perfumavam-se com incensos aromatizados e penteavam os cabelos levantando dois bandós de cada lado e um na frente. A julgar pela literatura de época, pelo menos uma parte da "boa sociedade" desaprovava a pintura do rosto, mas as *auianime*, jovens cortesãs oficialmente relacionadas aos guerreiros celibatários, se pintavam intensamente

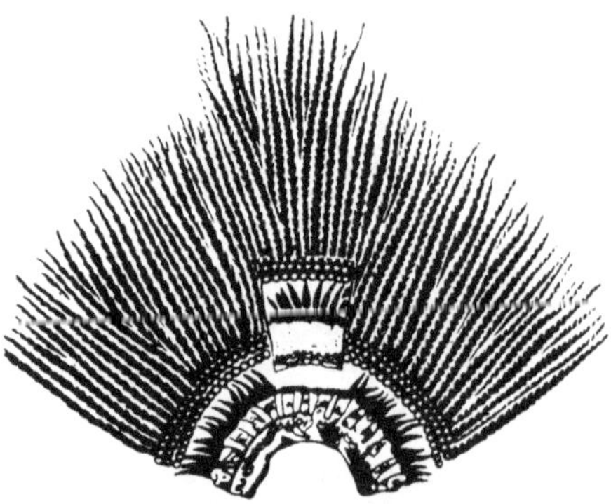

Figura 6. Cocar de plumas (Quetzalapanecayotl) provavelmente oferecido por Motecuhzoma II a Hernán Cortez e por este a Carlos V. Museu de Etnografia, Viena.

e até tingiam os dentes de vermelho com cochonilha, adotando uma moda originária das províncias tropicais.

Nos territórios onde a ourivesaria havia atingindo alto grau de perfeição, homens e mulheres usavam inúmeras joias: brincos para as orelhas, colares e pendentes, pulseiras para os braços e tornozelos. Os homens, além disso, perfuravam o septo nasal e o lábio inferior para inserir ornamentos em metais preciosos ou pedras duras.

À medida que ascendiam na hierarquia, os homens adquiriam o direito de comparecer às cerimônias ou campos de batalha com penteados, penachos, emblemas e escudos cerimoniais com plumas, de um fausto e riqueza de colorido extraordinários. Os raros exemplares que se conservam dessas peças (especialmente um cocar de plumas e um escudo no Museu de Etnografia de Viena e um escudo no museu de Stuttgart), ilustram a mais alta ideia dessa arte tipicamente mexicana que era o mosaico de plumas. "Emblemas como "a borboleta de zaquan" (o zaquan é um pássaro de plumas amarelas), o *macuilpanitl* ("cinco estandartes"), o *quetzalapanecayotl* ("ornamento de plumas de *quetzal* de pessoas da corte") não poderiam ser usados senão por um guerreiro ou senhor, simbolizando seu alto escalão.

4. Os jogos

Os astecas, herdeiros das grandes civilizações precedentes, se entregavam com paixão, da mesma forma que os maias e os toltecas, ao jogo de bola denominado *tlachtli*. Duas equipes defrontavam-se no campo, que tinha a forma de um duplo "T" maiúsculo, lançando uma pesada bola de borracha maciça. As regras do jogo exigiam que a bola fosse tocada apenas com os joelhos ou os quadris. Os jogadores esforçavam-se por fazê-la passar entre dois anéis de pedras fixados nas muralhas laterais. Embora estivessem protegidos por joelheiras, luvas e máscaras de couro, acontecia de frequentemente se contundirem, e às vezes até serem mortos pela bola. Dizia-se que o *tlachtli* representava o universo e a bola, o sol. O jogo tinha, portanto, uma significação esotérica. Era o esporte da elite e também pretexto para elevadas apostas.

O *patolli*, jogo de azar muito parecido com o jogo francês do pato, era praticado febrilmente por todas as classes sociais. Vítimas de sua paixão, alguns jogadores arruinados não tinham outro recurso senão vender-se a si mesmos como escravos.

Os astecas dedicavam-se também a distrações mais inocentes: a caça de pássaros por meio de zarabatanas que projetavam balas de terracota; cantos e danças ao fim dos banquetes; declamação de poemas e espetáculos apresentados pelos acrobatas em casas principescas.

5. Técnicas e conhecimentos

Examinamos mais acima as técnicas básicas — agricultura, tecelagem e cerâmica —, que constituíam o fundo comum de todas as civilizações autóctones. Os astecas, porém, do mesmo modo que seus predecessores de Tula, que os maias e os índios de Teotihuacán, possuíam técnicas e conhecimentos de nível mais elevado.

Sua arquitetura, derivada dos toltecas, demonstra uma mestria que pressupõe, por sua vez, amplos conhecimentos de geometria e cálculo. É muito provável que esses conhecimentos não estivessem explicitados de forma abstrata, mas sem eles teria sido impossível ter construído vastos conjuntos como os monumentos religiosos e profanos do centro do México. O mesmo se aplica a realizações como os aquedutos e diques.

A metalurgia do cobre, do bronze, do ouro e da prata penetrou no México tardiamente, no início do II milênio a.C. Alcançou o planalto Central, difundindo-se desde o litoral do Pacífico e das montanhas que se elevam na costa oceânica; pode-se também supor que essas técnicas tenham sido importadas do Peru. Como quer que tenha ocorrido, os astecas sabiam utilizar processos como a fundição do ouro e da prata. A perfeição de sua ourivesaria suscitou a admiração dos primeiros europeus que conheceram suas obras-primas, notadamente Albrecht Dürer, que pôde ver, em Anvers no ano de 1520, alguns presentes remetidos por Motecuhzoma a Cortez e enviados por este último a Carlos V.

A contemplação do céu e o estudo do movimento dos astros faziam parte dos deveres sacerdotais. Os sacerdotes astecas, astrônomos e astrólogos, ministros dos cultos astrais, tinham conhecimentos precisos quanto à duração do ano, a determinação dos solstícios, as fases e eclipses da lua, a revolução do planeta Vênus e diversas constelações, como as Plêiades e a Grande Ursa. Como todas as altas civilizações do México, também os astecas atribuíam importância primordial à mensuração do tempo, fundada sobre uma aritmética que tinha por base o número 20. Menos complexas e menos perfeitas que as dos maias, a aritmética e a cronologia astecas nem por isso constituíam um monumento intelectual menos extraordinário. Aspectos objetivos, juntamente com aspectos mágico-religiosos, aí estão inextrincavelmente fundidos. O ano dividia-se em 18 meses de 20 dias, mais cinco dias "ocos". Paralelamente a esse calendário solar, havia um calendário divinatório, o *tonalpoualli*, de 260 dias, baseado na combinação de uma série de 13 números (de 1 a 13) e de 20 nomes, a saber:

cipactli	crocodilo
eecatl	vento
calli	casa
cuetzpalin	lagarto
coatl	serpente
miquiztli	morte
mazatl	cabrito
tochtli	coelho
atl	água
itzcuintli	gato
ozomatli	macaco
malinalli	erva
acatl	cana
ocelotl	jaguar
quauhtli	águia
cozcaquauhtli	abutre
ollin	movimento; ou tremor de terra
tecpatl	faca de sílex
quiauitl	chuva
xochitl	flor

A série de 260 dias começava, assim, por 1 *cipactli* e terminava por 13 *xochitl*. Cada dia podia situar-se tanto no calendário solar como no divinatório. O primeiro dia de cada ano emprestava seu nome ao ano inteiro. Quatro sinais apenas podiam apresentar-se ao início do ano: *acatl* (cana), *tecpatl* (sílex), *calli* (casa) e *tochtli* (coelho). Não se reencontravam o mesmo nome nem o mesmo número senão ao final de 52 anos (13 x 4). Por outro lado, como cinco anos venusianos equivalem a oito anos terrestres, esses dois ciclos só coincidiam após 65 anos venusianos e 104 anos terrestres, ou seja, dois períodos de 52 anos. Ao fim de cada período de 52 anos, acendia-se o Fogo Novo no cimo da montanha de Uixachtecatl, perto do México; era isso que se denominava a "liga dos anos".

Em uma espera angustiada, em todas as casas se apagava o fogo e se quebrava a louça. No cume do Uixachtecatl, os sacerdotes observavam o movimento das Plêiades. Um prisioneiro era sacrificado, e em seguida se pressionava um bastão em fogo (*tlequauitl*) contra o seu peito sangrando. Acendia-se o fogo! Nesse momento, mensageiros partiam imediatamente para levar as novas e a chama até a capital. Cada família reacendia o seu fogo e renovava seus utensílios domésticos, em meio a uma alegria geral: o mundo partira novamente para mais 52 anos.

Segundo o manuscrito histórico asteca *Codex Azcatitlán*, a primeira cerimônia do Fogo Novo foi celebrada pelos astecas em migração em fins do século XII, sobre a montanha de Coatepec, local de nascimento mítico de Uitzilopochtli, na região de Tula. É provável que esse rito fosse de origem tolteca. O último Fogo Novo foi aceso em 1507, no reinado de Motecuhzoma II. Ao todo, o ritual do Fogo Novo foi celebrado sete vezes na história asteca. Em 1559, data prevista para a oitava celebração, o Império Mexicano havia-se tornado a Nova Espanha.

Os 260 dias do *tonalpoualli* dividiam-se em 20 séries de 13 dias, cada qual regida pelo signo de seu primeiro dia: 1 *cipactli*, 1 *ocelotl* etc. Cada série era considerada favorável (por exemplo, 1 *cipactli*, 1 *mazatl*, 1 *coatal*), nefasta (1 *acelotl*, 1 *acatl*, 1 *calli*) ou indiferente (1 *xochitl*, 1 *ollin*, 1 *atl*). Dentro desses grupos de 13, os dias assinalados pelos números 3, 7, 10, 11, 12 e 13 passavam por favoráveis, e os que portavam os números 4, 5, 6, 8 e 9, por nefastos. Havia ainda uma multiplicidade de casos particulares: os homens nascidos em 1 *miquiztli* estavam destinados a se tornar feiticeiros; 7 *xochitl* era favorável aos pintores e iluminadores de manuscritos; 1 *coatl*, aos negociantes, 9 *itzcuintli*, à magia negra e também aos cinzeladores; 1 *calli*, aos médicos e às parteiras. Em todas as circunstâncias da vida, quer se tratasse de partir em viagem ou de travar uma guerra, de dar nome a um recém-nascido ou celebrar um casamento, era necessário consultar o sacerdote-adivinho especializado, o *tonalpouhqui*, bem como os livros sagrados.

Os livros revestiam-se de grande importância aos olhos dos antigos mexicanos. Os templos, os *calmecac* e as casas dos dignitários possuíam ricas bibliotecas. A profissão de pintor-escriba (*tlacuiloani*) era particularmente valorizada. Muitos livros tratavam de assuntos religiosos e de rituais, de adivinhação e interpretação de sonhos. Outros relatavam as migrações das tribos, a fundação de cidades, a origem e história das dinastias e as façanhas de determinados heróis. Os livros eram escritos, ou melhor, pintados sobre folhas feitas de fibras de agave ou cortiça batida, ou sobre tiras de pele de cabrito dobradas como um biombo. A escrita asteca representava um compromisso entre a ideografia e a notação fonética. Certos caracteres designavam ideias ou objetos, enquanto outros, ou os mesmos, denotavam sons. A representação convencional de uma tartaruga significava "ano"; um dente (*tlan-tli*) correspondia à sílaba *tlan*, sendo encontrado em numerosos nomes de localidades. A morte de um soberano era representada por uma "múmia" ou um carregamento funerário; a queda de uma cidade sitiada, por um templo em chamas atravessado por uma lança; um itinerário, por vestígios de passos religando os hieróglifos das localidades. No que concerce à notação numérica, a unidade era representada por um círculo, 20 por uma bandeira, o *tzontli* (400) por um signo bem semelhante a um arbusto e 8.000, por uma bolsa.

A confecção dos livros astecas era fortemente influenciada pela técnica de povos da região de Puebla e Oaxaca, como os mazatecas de Teotitlán, especialistas em iluminuras religiosas, e os

Figura 7. Os deuses protetores da nona série de 13 dias do calendário divinatório: à direita, Xiuhtecuhtli, deus do fogo; à esquerda, Paynal, o mensageiro de Uitzilopochtli. Do *Codex Borbonicus.*

mixtecas, cuja história escrita remonta até o século VII d.C. O *Codex Borbonicus*, manuscrito ritual conservado na Assembleia Nacional em Paris, é um magnífico exemplar de livro asteca, e um dos raros que se conservaram até hoje. Milhares de manuscritos, com efeito, foram destruídos durante a conquista espanhola.

Dentro de uma ordem de ideias totalmente diversa, deve-se mencionar a extensão e precisão dos conhecimentos dos mexicanos quanto à fauna e sobretudo à flora de seu país. O médico de Felipe II, Francisco Hernández, pôde enumerar em torno de 1.200 plantas que os astecas utilizavam em terapêutica. Sem dúvida, empregava-se uma larga proporção de práticas mágicas e feitiços na medicina nativa da época: as doenças eram atribuídas a causas sobrenaturais, à vontade de certos deuses ou aos envolvimentos causados por bruxarias de feiticeiros malévolos. Também o *ticitl* (médico) asteca recorria à adivinhação e à contramagia, às preces e às imposições de mãos. Ao mesmo tempo, porém, eles sabiam reduzir fraturas, pensar feridas, colocar emplastros, aplicar sangrias e, principalmente, ministrar poções de plantas medicinais cujos efeitos — purgativos, diuréticos, antiespasmódicos, sedativos etc. — eram conhecidos e empiricamente verificados através de uma longa tradição.

6. O ciclo de vida

O destino de cada um era considerado como rigorosamente predeterminado na data de seu nascimento, esta mesma decidida pelas duas divindades supremas: Ometecuhtli e Omeciuatl, "o senhor e a senhora da dualidade". Assim, um homem nascido sob o signo 2-*tochtli* se entregaria à embriaguez; uma mulher nascida em 7-*xochitl* seria pródiga em seus favores; o signo 4-*itzcuintli* prometia honrarias e prosperidade.

Era possível, contudo, corrigir uma predestinação nefasta, escolhendo um dia mais favorável para dar nome a um recém-nascido. Em princípio, não seria necessário esperar mais do que quatro dias após o nascimento de uma criança para batizá-la. O sacerdote-adivinho consultava os livros e fixava a data. Se, por exemplo, a criança tivesse nascido sob um signo designado pelo número 9 (nefasto), o nome lhe seria dado três ou quatro dias mais tarde, visto serem benéficos os números 12 e 13. A parteira que houvesse feito o parto procedia à lavagem ritual do bebê, pondo-lhe água sobre os lábios, cabeça, o peito e, finalmente, sobre todo o corpo. Invocava a deusa da água e depois apresentava a criança ao Sol e à Terra. Essa cerimônia tinha lugar em presença de parentes e amigos da família. Quando se tratava de um menino, preparavam-se um escudo, um arco e quatro flechas, que eram presenteados aos deuses para invocar sua proteção ao futuro guerreiro. Para uma filha, preparavam-se fusos, uma lançadeira, um cofre, e se dirigiam preces à personificação da primeira infância, *Yoalticitl*, "a curandeira noturna". A festa terminava com um banquete, ao fim do qual velhos e velhas bebiam inúmeras taças de *octli*.

Durante os primeiros anos, a educação da criança estava a cargo da família. O menino aprendia a trazer água e lenha, ajudava nos trabalhos agrícolas ou no comércio, pescava e remava sob a direção do pai. A menina varria, iniciava-se na cozinha, fiação e tecelagem. Assim que a criança atingia a idade de seis a nove anos, porém, seus pais a confiavam a um dos dois sistemas de educação pública então existentes no México: o colégio do bairro, onde os "mestres de rapazes" e "mestras de moças" preparavam seus alunos para a vida prática; ou então o *calmecac*, colégio-monastério, onde a educação era ministrada pelos sacerdotes. Em princípio, somente os filhos de dignitários (*pilli*) tinham acesso ao *calmecac*. Os filhos de negociantes, porém, também podiam ser admitidos, bem como crianças das camadas populares, caso se destinassem ao sacerdócio.

Não se pode deixar de observar as profundas diferenças, para não dizer antagonismos, que separavam esses dois sistemas educacionais. Colocados sob a proteção de Tezcatlipoca (também chamado "O rapaz"), deus-guerreiro, os colégios de bairro visavam antes de tudo formar cidadãos dedicados ao cumprimento de seus deveres, principalmente de seus deveres militares. Os mestres eram escolhidos entre guerreiros reconhecidos. Os rapazes aprendiam o ofício das armas, participavam de trabalhos de interesse público e o cultivo das terras coletivas, sendo durante o dia submetidos a uma severa disciplina. À noite, porém, iam cantar e dançar, e os mais velhos mantinham ligações com as *auianime*. Ao contrário, os jovens admitidos no *calmecac*, sob a direção dos sacerdotes e a proteção de Quetzalcoatl, antigo rival de Tezcatlipoca, levavam uma vida austera, feita de trabalhos manuais e intelectuais, de jejuns e penitências. Ensinavam-lhe "boas maneiras", os rituais e a leitura de manuscritos hieroglíficos. Deviam aprender de cor os poemas mitológicos e históricos e iniciar-se nas funções para as quais estavam destinados: o sacerdócio ou altos cargos do Estado.

As "boas maneiras" revestiam-se de importância primordial perante a classe dirigente. Eram objeto de toda uma literatura didática, os *ueuetlatolli* ("preceitos dos antigos"). Neles se evidencia o ideal de autodomínio, de resistência às paixões, de moderação e de abnegação. A conduta a ser mantida em presença dos superiores ou dos inferiores à mesa, na rua, enfim as atitudes a serem observadas em todas as circunstâncias da vida estão aí minuciosamente determinadas. Também os alunos dos colégios de bairro eram considerados vulgares e grosseiros porque "falavam com soberba e audácia".

O antagonismo entre esses colégios e os *calmecac* manifestava-se abertamente durante o sexto mês do ano, Atemoztli. Os alunos de bairros e monastérios entregavam-se então a combates sem complacência, invadiam os lugares uns dos outros, carregavam ou destruíam móveis e utensílios e se infligiam trotes recíprocos.

Ao chegar à idade adulta, ou seja, 21 anos, o rapaz deixava o colégio ou o monastério, a menos que decidisse dedicar-se ao celibato e aos deuses. Da mesma forma, as moças podiam consagrar-se ao sacerdócio. A maioria dos jovens se casava. As famílias arranjavam as uniões por intermédio das "casamenteiras", mulheres idosas que conduziam as negociações. Quando se concluía o acordo, começavam os preparativos. Convidavam-se os parentes e amigos, e acumulavam-se as provisões. O sacerdote-adivinho indicava um dia favorável. A cerimônia de casamento tinha lugar na casa do noivo. A jovem, vestida e paramentada, se apresentava à noite na casa de seu futuro marido, acompanhada de um cortejo alegre conduzindo chamas. Sentados juntos diante do fogo, os jovens recebiam os presentes; em seguida, as "casamenteiras" enlaçavam o traje da noiva e o manto do jovem, após o que eles compartilhavam um prato de *tamalli.* Os dois jovens estavam casados a partir desse momento. Deviam, porém, permanecer orando durante quatro dias, não se consumando o casamento senão ao fim desse período. Daí a instituição da festa do quinto dia, que tendia a igualar ou superar em importância e luxo a cerimônia de casamento descrita acima, particularmente entre nobres e comerciantes. Essas festividades incluíam, segundo os recursos das famílias, repastos faustosos, acarretando grandes despesas. Também se viam jovens coabitarem, adiando a cerimônia oficial. Esses ritos celebravam o casamento de um homem com sua esposa principal. Mas a poligamia era frequente, sobretudo nas classes abastadas, e cada mexicano podia ter numerosas esposas secundárias. Em princípio, somente os filhos da esposa principal podiam suceder ao pai. A literatura histórica nos demonstra contudo que essa regra estava longe de se impor em todos os casos. Itzcoatl, ele próprio, havia tido por mãe uma concubina de origem humilde. Essas famílias poligâmicas eram frequentemente muito numerosas: Axayacatl teria tido 22 filhos; Tlacaeleltzin, 83; Nezaualpilli, 144, dos quais 11 de sua esposa principal.

Quando uma mulher percebia estar grávida, todas as pessoas da casa, e frequentemente todo o bairro, manifestavam sua alegria por meio de repastos cerimoniais e "seções" de discursos pomposos e imaginosos. Uma parteira tomava firmemente aos seus cuidados a futura mãe, velava por sua higiene e também pelo respeito a certos "tabus" — por exemplo: não olhar para o céu durante um eclipse nem olhar para objetos vermelhos — e preparava tudo em relação ao parto. A mulher grávida era colocada sob a proteção das divindades femininas, da "Mãe dos Deuses", da "avó do banho a vapor" e de Ayopechcatl, pequena divindade "em cujo lar nascem as crianças". A parteira deveria ajudar a paciente por meio de banhos, massagens e infusões de ervas medicinais. Se, por infelicidade, a mulher morria dando à luz o seu filho, ela deveria, segundo a crença corrente, tomar seu lugar no céu do Ocidente (*Ciuatlampa*, o "lado feminino"), entre as *Ciuateto*, ("mulheres divinas"). Lá em um eterno paraíso, ela se juntava às suas companheiras no resplandecente cortejo do sol. O próprio corpo da mulher morta durante o parto era tido como contendo virtudes mágicas. Enquanto o marido, amigos e parteiras a conduziam ao túmulo que a esperava no pátio do templo das Mulheres Divinas, os jovens guerreiros atacavam o cortejo e lutavam para cortar um dedo ou os cabelos da morta, pois era crença que essas relíquias, colocadas em um escudo, cegariam um inimigo. Quanto aos feiticeiros, tentavam violar o túmulo e dele retirar um braço da defunta: graças a ele, poderiam, em certas noites, mergulhar em sono profundo os habitantes de uma casa e assim surrupiar tudo à vontade.

Os casamentos eram geralmente duráveis, embora homens e mulheres pudessem divorciar-se. Os tribunais proferiam decisões quanto à guarda das crianças e à partilha dos bens do casal. A mulher divorciada casava-se livremente. Era frequente a viúva desposar um irmão do marido.

Ao chegar a certa idade, velhos e velhas tomavam seu lugar no grupo dos "anciãos", cujas advertências eram ouvidas com atenção; consagravam-se às devoções, frequentavam os banquetes e bebiam livremente o *octli*, sem temer sanções. Os que haviam cometido qualquer falta grave durante vida — por exemplo, um crime — confessavam-se: não se podia confessar mais de uma vez na vida, e esse rito acarretava não somente o perdão, mas também imunidade diante da justiça. O penitente, à sós com um sacerdote, invocava, junto com este, Tezcatlipoca "que tudo vê", e Tlazolteotl, a deusa do amor, "devoradora dos pecados". Em seguida, descrevia, sem nada esconder, as faltas das quais se sentia culpado. O sacerdote impunha-lhe uma penitência — jejum, escarificações da língua, oferendas aos deuses e tudo era mantido em segredo.

A maioria dos mortos era incinerada. Envolvia-se o corpo, sentado, de joelhos flexionados em direção ao queixo, com muitas camadas de tecido, de maneira a formar uma "múmia" ou fardo funerário. As mulheres mortas de parto, entretanto, eram enterradas, assim como os que morriam afogados, atingidos por um raio ou em consequência de uma doença como a gota ou a hidropisia, afecções que se atribuíam a Tlaloc, deus da água e da chuva.

O destino de cada um no outro mundo dependia, acreditava-se, de sua morte. Os guerreiros mortos em combate ou sobre a pedra dos sacrifícios iam para o céu oriental, fazer companhia ao Sol desde a aurora até o zênite; ao fim de quatro anos, retornavam à Terra sob a forma de colibris. Os que Tlaloc havia chamado conheciam eternamente a tranquila felicidade do paraíso chamado Tlalocan, maravilhoso jardim tropical. A maioria dos defuntos, porém, ficava "debaixo da terra divina", na obscura morada de Mictlan. Durante quatro anos, sofriam as provações de uma tenebrosa viagem ao mundo subterrâneo; depois, atravessando os Nove Rios, entravam na Nona Morada dos Mortos, e lá, totalmente aniquilados, desapareciam de modo definitivo. Como caso particular, acreditava-se que as crianças que morressem em tenra idade penetrariam em um jardim denominado Tonacaquauhtitlan — "o parque de nossos alimentos" —, onde viveriam eternamente sob a forma de pássaros entre flores.

Para ajudar o morto durante a sua peregrinação, queimavam-se alimentos junto com ele; matava-se e incinerava-se um cão, pois não havia Xolotl, o deus com a cabeça de cão, irmão gêmeo de Quetzalcoatl, triunfado em um passado fabuloso das armadilhas de um mundo infernal? A família ainda queimava oferendas 80 dias (quatro meses) após os funerais, e depois, ao fim de um, dois, três e quatro anos. Quando se incinerava um soberano, revestia-se a sua "múmia" de ornamentos próprios a Uitzilopochtli e se colocava, na altura do rosto, uma máscara de pedra ou um mosaico de turquesa. As cinzas, depositadas em uma jarra com um pedaço de jade, símbolo da vida, eram conservadas no templo de Uitzilopochtli. Quando um personagem importante morria afogado — ou de qualquer modo "distinguido" por Tlaloc —, era enterrado em uma câmara sepulcral, sentado sobre um *icpalli*, cercado de suas armas e coberto de joias. Os homens — mesmo os mais humildes — que se afogavam no lago, eram tidos como tendo perecido entre as garras do monstro aquático Auitzotl. Seus cadáveres eram cercados de intensa veneração e enterrados solenemente em um santuário dos deuses da água.

CAPÍTULO V. **A RELIGIÃO**

1. Os deuses

Os astecas tinham a reputação de serem os indígenas mais religiosos do México. De fato, sua religião, simples e totalmente ou principalmente astral na origem, foi enriquecida e complicada sob efeito de seus contatos com os povos sedentários e civilizados do Centro. Em seguida, à medida que se ampliava seu Império, foram anexando avidamente deuses e ritos de tribos longínquas. No início do século XVI, sua religião, que dominava todos os aspectos de sua vida, constituía ainda uma síntese imperfeita de crenças e cultos de origens muito diversas.

De seu passado de bárbaros do Norte, caçadores e guerreiros, os mexicanos conservaram suas divindades astrais. O disco solar era adorado com o nome de Tonatiuh. Uitzilopochtli, deus-guia da tribo, encarnava o Sol do meio-dia. A tradição afirmava que ele fora outrora "somente um homem", talvez um chefe tribal, mas também um mágico. Seu mito compreendia traços emprestados das concepções toltecas: não longe de Tula, sobre a montanha de Coatepec, esse deus nascera milagrosamente da deusa terrestre Coatlicue ("a que usa uma saia de serpentes"), e prontamente exterminara, com sua arma característica, o *xiuhcoatl* ("serpente de turquesa"), seus irmãos, isto é, os Quatrocentos Meridionais (as estrelas do sul), e sua irmã, deusa das trevas, Coyolxauhqui.

Se Uitzilopochtli dominava o panteão asteca, outro deus astral, Tezcatlipoca, quase o igualava em importância, e parece ter desempenhado um papel cada vez maior, pelo menos nas especulações teológicas dos sacerdotes. Tezcatlipoca, símbolo da Grande Ursa e do céu noturno, "vento da noite", tudo via, permanecendo ele próprio invisível. Protegia os jovens guerreiros, mas também os escravos, inspirava os grandes eleitores por ocasião da designação do soberano, castigava e perdoava as faltas. No passado mítico, fora ele quem conseguira, com seus malefícios, expulsar de Tula a benevolente Serpente de Plumas e impor ao México os sacrifícios humanos. Paynal, pequeno deus auxiliar de Uitzilopochtli, Mixcoatl, "serpente de nuvens", e as Quatrocentas Serpentes de Nuvens, estrelas do norte, pertencem à mesma categoria de divindades astrais.

A religião das antigas civilizações clássicas do planalto tinha por base o culto de um casal supremo (Terra e Fogo); do deus da chuva e da deusa da água; e da Serpente de Plumas, símbolo da fecundidade e da abundância vegetal. Os otomis, particularmente, antigo povo camponês, conservavam ainda no século XVI a crença em uma deusa terrestre e lunar e um deus do fogo e do sol. Submetidas a uma longa elaboração através da era tolteca e pós-tolteca, essas concepções foram incorporadas pelos astecas à sua teologia, porém com importantes modificações. Os membros do casal supremo, Senhor e Senhora da Dualidade, ainda designados Senhor e Senhora de Nossos Alimentos, habitavam o topo do universo, no 13º céu. De qualquer modo, eclipsados pelos demais deuses, não tinham outra função senão fazer "descer", isto é, nascer os homens, determinando dessa forma seus destinos. O deus do fogo apresentava-se como um dos mais importantes do panteão asteca. Chamavam-no "Senhor de Turquesa", o "Velho Deus" (suas estátuas o mostram como um velho de rosto enrugado), ou ainda "Senhor Otomi". Residia no fogo de cada casa. Ao início de cada refeição, ofereciam-lhe migalhas de bolos e algumas gotas de bebida. Os negociantes o veneravam de modo especial.

Em um país de clima muito seco, rendia-se culto a Tlaloc — o antiquíssimo deus da água e da chuva, adorado em Teotihuacán durante o I milênio — e a Chalchiuhtlicue, "a que usa saia de jade", prestando-se-lhes um culto tanto mais fervoroso quanto mais dependia de sua boa vontade a vida dos homens em um clima seco. Tlaloc podia conceder a benéfica chuva, mas igualmente o granizo e o raio. Como as nuvens na estação das chuvas se formam sobre as montanhas, pensavam que inúmeros "sósias" do deus, os *Tlaloque*, habitavam o seu cume; por isso o culto das montanhas estava estreitamente associado ao da chuva. Da mesma forma que

Figura 8. Tlaloc, deus da chuva e do trovão. Desenho do século XVI.

o grande sacerdote de Uitzilopochtli e o de Tlaloc ocupavam com autoridade equivalente os dois postos mais elevados na hierarquia sacerdotal, também o grande Templo de Tenochtitlán era encimado por dois santuários: o de Uitzilopochtli, vermelho e branco, e o de Tlaloc, azul e branco. Desse modo, a religião astral dos povos guerreiros e a religião agrária dos povos sedentários fundiam-se por assim dizer, reconciliadas na síntese asteca.

Uma combinação análoga de traços próprios às duas concepções fundamentais reencontra-se entre as deusas terrestres que se denominavam "Mãe dos Deuses", "Nossa Avó", "Aquela que usa uma saia de serpentes", "A Serpente Mulher", e "Nossa Mãe Venerada". Na estatuária, nos manuscritos e nos poemas religiosos, surgem representadas, ora com atributos guerreiros, "coroadas de plumas de águia, pintadas com sangue de serpente", ora como deusas da vegetação "no campo de milho divino", atraindo a chuva por meio de chocalhos mágicos. Simultaneamente terríveis e veneráveis, também simbolizam a Terra que absorve o sangue dos cadáveres dos sacrificados. Algumas dessas deusas haviam sido tomadas de empréstimo pelos astecas aos seus vizinhos do Nordeste, os huaxtecas. Eram: Tlazolteotl, deusa do amor, e suas quatro irmãs; Itzpapalotl ("Borboleta de obsidiana"), que se caracterizava como divindade das estepes do Norte, associada a Mimixcoa; as serpentes de nuvens, constelações do hemisfério setentrional; Illamatecuhtli, representada como uma velha e que era uma deusa estelar. No céu do oeste residiam as Mulheres Divinas, também chamadas "As Princesas" e era ainda no Ocidente que situavam o misterioso jardim Tamoanchan, ao mesmo tempo lugar do poente onde desaparecia o Sol e fonte da vida concedida pela fecundidade das Deusas-Mães.

De todas as personalidades divinas conhecidas desde a alta Antiguidade clássica, foi Quetzalcoatl quem sofreu as mais profundas transformações. A Serpente de Plumas não simbolizava mais as forças telúricas e a abundância da vegetação. Deus do planeta Vênus, que é ao mesmo tempo Estrela Matutina e Estrela Vespertina, Quetzalcoatl correspondia, juntamente com seu gêmeo Xolotl (deus-cão), à noção de morte e ressurreição. "Senhor da Casa da Aurora", deus do vento, herói civilizador e inventor da escrita, do calendário e das artes, confundido pelos mitos com o rei-sacerdote de Tula, Quetzalcoatl permanecia ligado, no pensamento religioso dos mexicanos, à idade de ouro tolteca. Era o deus dos sacerdotes por excelência.

Figura 9. O deus Quetzalcoatl. Estátua em porfírio marrom-avermelhado. Museu do Homem, Paris.

As divindades do milho, principal planta nutritiva, eram objeto de um culto particularmente fervoroso. Liderando-as, encontra-se Chicomecoatl ("Sete-Serpentes"), também chamada "Deusa das Sete Espigas". Imaginava-se que o velho milho partira de Tamoanchan e, após uma viagem subterrânea durante a qual fora guiado pelos deuses da chuva, reaparecera a leste, sob a forma de Xilonen (derivado de *xilotl*, espiga de milho tenra), e de Cinteotl ("deus-milho"). Esses jovens deuses do milho estavam associados aos da juventude, canto, música e jogos: Xochipilli ("Príncipe das Flores") e Macuilxochitl ("Cinco-Flor"). Toda uma mitologia graciosa e alegre cercava essas divindades, em contraste com o tom geral, sombrio e sangrento, da ideologia asteca.

Entrando em contato com os povos do lago, de cujo modo de vida haviam compartilhado, os astecas adotaram também os seus deuses, como Opochtli, "o canhoto", divindade de Churubusco, Atlaua, Amimitl. Da mesma forma, ao conhecerem as tribos de agricultores, adotaram o culto dos pequenos deuses da abundância das colheitas denominados "Os Quatrocentos Coelhos". Eram divindades locais, de vilarejos, que presidiam os banquetes onde se celebravam as boas colheitas. Visto acreditarem que a Lua — à qual não prestavam qualquer culto particular — tinha sobre seu disco a forma de coelho, e que se atribuía a esse astro o desenvolvimento das plantas, e que também, por outro lado, os banquetes terminavam em bebedeiras, os Coelhos tornaram-se os deuses do *octli* e da embriaguez. Dizia-se que eram "incontáveis" (é isso que significa o número 400), pois há inúmeras formas de embriaguez: "cada qual com seu coelho", isto é, "cada um tem sua maneira de se embriagar", afirmava um provérbio popular. Esse grupo de deuses — entre os quais estavam Ometochtli ("Deus-Coelho") e Tepoztecatl ("Aquele de Tepoztlán", aldeia das Terras Quentes) — tinha, para prestar seu culto no México, um colégio de 400 sacerdotes, cujo chefe era intitulado *Ometochtli*.

Figura 10. Máscara em jadeíta do deus Xipe Totec. O deus é representado em baixo-relevo sobre a face interna da máscara. Museu Britânico, Londres.

Algumas das divindades já mencionadas, e outras ainda não citadas, ligam-se a uma ou outra categoria populacional, a uma ou outra corporação. Podemos assinalar, entre as mais importantes, Xipe Totec, divindade dos ourives, importada do território *yopi* a sudeste do Império, é Yiacatecuhtli, deus dos comerciantes e protetor das caravanas. Coatlicue protegia os floristas; Teteoinnan, "Mãe dos Deuses", era deusa dos médicos e das parteiras; Tzapotlatena, dos mercadores de resina medicinal; Chalchiuhtlicue, dos carregadores de água. Os pescadores e caçadores de pássaros aquáticos invocavam Opochtli, Atlaua e Amimitl; os fabricantes de esteiras e assentos de vime, um pequeno deus da água chamado Napatecuhtli. Xochiquetzal protegia os tecelãos e cortesãs; Uixtociuatl, os fabricantes de sal; Chicomexochitl, os pintores e escribas; Tlamatzincatl e Izquitecatl, os mercadores de *octli*; Coyotlinaual, os artistas especialistas em mosaico de plumas; Cinteotl e três outros deuses, os cinzeladores.

Havia um deus dos banquetes, Omeacatl: se ele julgasse que o dono de uma casa não lhe havia prestado suficiente homenagem, vingava-se fazendo aparecerem cabelos nos pratos. Outro deus, "O pequeno Negro", tinha por especialidade curar crianças doentes. As deusas Quato e Caxoch eram invocadas contra as dores de cabeça, enquanto Temazcalteci garantia a eficácia dos banhos a vapor.

Em suma, nesse profuso panteão, onde se acotovelavam divindades antigas e recentes, terrestres e astrais, agrícolas e lacustres, tolteco-astecas e exóticas, tribais e corporativas, todas as formas de atividade humana resultavam de uma força sobrenatural, do comando das armas à confecção de tecidos, da medicina ao amor, do sacerdócio à fabricação de esteiras, da ourivesaria à pesca.

2. O universo e a guerra sagrada

Os antigos mexicanos imaginavam o mundo como uma espécie de cruz-de-malta. A cada um dos quatro grandes braços correspondia uma cor, uma ou várias divindades e cinco signos do calendário divinatório, inclusive um "mensageiro do ano". Ao norte, país das trevas, situava-se a morada subterrânea dos mortos, onde reinava o Plutão asteca, Mictlantecuhtli; a leste, o paraíso da abundância tropical sob a égide de Tlaloc; ao sul, o "país das espigas" e da seca; a oeste, o jardim Tamoanchan e as divindades femininas; e ao centro, enfim, o deus do fogo — da mesma forma que o fogo ocupava o centro da casa. Os anos eram repartidos entre os quatro pontos cardeais, segundo o signo de seu primeiro dia: *acatl* (leste), *tecpatl* (norte), *calli* (oeste) e *tochtli* (sul).

Os astecas acreditavam que o nosso mundo fora precedido por quatro outros universos, os Quatro Sóis. O primeiro Sol, *naui-ocelotl* ("quatro-jaguar"), desaparecera em um gigantesco massacre, no qual os homens haviam sido devorados pelos jaguares. É interessante observar que ainda hoje certos indígenas — os lacondons do Chiapas — assim preveem o fim do mundo. O jaguar simboliza as forças telúricas; para os astecas, correspondia a Tezcatlipoca, deus das trevas e do céu noturno pontilhado de estrelas, tal qual a pelagem do felino

O segundo universo denominava-se *naui-eecatl* ("quatro-vento"). Quetzalcoatl, a Serpente de Plumas, deus do vento e rival mítico de Tezcatlipoca, fez soprar sobre esse mundo uma tempestade mágica, transformando os homens em macacos.

Tlaloc, divindade benfeitora da chuva, mas também o terrível deus do raio, destruiu o terceiro universo, *nauiquiauitl* ("quatro-chuva"), submergindo-o em uma chuva de fogo. É possível que a memória das grandes erupções vulcânicas que cobriram de lavas e cinzas uma parte do vale do México (o "Pedregal") pouco antes de nossa era, tenha sobrevivido neste mito.

Enfim, o quarto Sol, *naui-atl* ("quatro-água"), situado sob o signo de Chalchiuhtlicue, deusa da água, terminou em dilúvio que durou 52 anos. Um homem e uma mulher foram salvos, segurando-se a um tronco de cipreste, mas, tendo desobedecido às ordens de Tezcatlipoca, foram transformados em cães

A humanidade atual não descende, portanto, desses seres salvos do quarto cataclisma: ela deve sua existência a Quetzalcoatl. Foi, com efeito, a Serpente de Plumas, sob a forma de um deus com cabeça de cão, Xolotl, que resgatou dos infernos os ossos descarnados dos mortos, regando-os com seu próprio sangue para lhes restituir a vida.

Quanto ao nosso mundo, foi designado pelo signo *naui-ollin* ("quarto tremor de terra"). Estava fadado a desmoronar em meio a imensos sismos. Então os Tzitzimime, monstros esqueléticos que vagueiam na orla ocidental do universo, surgiram das trevas e aniquilaram a humanidade. Acreditavam os astecas que essa catástrofe final poderia desencadear-se a qualquer momento. Nada, para os antigos mexicanos, garantia o retorno do Sol nem a sucessão das estações. A alma asteca era dominada pela angústia diante do mundo. Ao fim de cada ciclo de 52 anos, temia-se que a "liga dos anos" não pudesse completar-se e que o Fogo Novo não se acendesse, com o que tudo se destruiria no caos.

A missão do homem em geral, e mais particularmente da tribo asteca, povo do Sol, consistia em conjurar infatigavelmente o assalto do nada. Para isso, era preciso garantir ao Sol, à Terra e a todas as divindades a "água preciosa", sem a qual a engrenagem do mundo deixaria de funcionar: o sangue humano. Dessa noção fundamental decorrem as guerras sagradas e a prática de sacrifícios humanos. Ambas, segundo os mitos, iniciaram-se com a criação do mundo. O Sol exigia sangue: os próprios deuses lhes haviam dado o seu; e depois os homens, sob suas ordens, haviam exterminado as serpentes de nuvens do Norte. Uitzilopochtli, como vimos, nasceu guerreando. A única exceção foi Quetzalcoatl, símbolo das teocracias pacíficas da alta época clássica, que nada desejara sacrificar senão borboletas, pássaros e serpentes. Tezcatlipoca, porém, o vencera, e os deuses exigiam o seu "alimento".

A guerra, como a entendiam os astecas, tinha sem dúvida finalidades positivas para o seu estado, como a conquista de territórios, a imposição de tributos e o direito de livre-passagem para seus comerciantes. Mas devia também — ou sobretudo — garantir-lhes prisioneiros para os sacrifícios. Inclusive as batalhas eram realizadas menos com a finalidade de ferir os inimigos do que para capturá-los em maior número possível. Quando, em consequência mesma das conquistas, a paz prevaleceu em vastos territórios do México, os soberanos inventaram a "guerra florida", ou seja, torneios destinados a fornecer vítimas para os deuses. A grande escassez de 1450 foi atribuída ao fato de os sacrifícios haverem rareado após certo número de anos; a guerra florida devia, por isso, proporcionar satisfação aos deuses irados. Foi provavelmente para que a guerra jamais terminasse que os imperadores toleraram, no centro mesmo de seu territórios, o enclave hostil de Tlaxcala.

Por paradoxal que possa parecer, o fato é que a prática dos sacrifícios foi se ampliando no México a partir da era tolteca, à medida que os costumes e modos de vida demonstravam maior refinamento. O ritual sangrento não era exclusividade dos astecas: encontra-se por toda parte no século XVI, não somente no Império, mas ainda entre os maias de Yucatán e os tarascos de Michoacán. Mesmo um soberano de espírito superior como o rei-filósofo Nezaualcoyotl, em Texcoco, o praticou tanto quanto seus vizinhos. Mesmo independentes dos astecas, como os de Tlaxcala ou de Yopitzinco, ou anexados ao Império, como os matlaltzinca de Toluca, todos os povos autóctones praticaram sacrifícios, cada qual à sua maneira. As vítimas eram mais frequentemente os prisioneiros de guerra. Entre captivo e captor se estabelecia uma estranha relação de filho para pai. A literatura indígena cita inúmeros casos de prisioneiros aos quais se oferecia a salvação da vida, mas que exigiam morrer na pedra dos sacrifícios para garantirem a felicidade na vida eterna. Outras vítimas eram obtidas entre os escravos, principalmente pelos negociantes e artistas, pois, não guerreando, estes os compravam a fim de oferecê-los em sacrifício aos seus deuses. Outros ainda, eram designados pelos sacerdotes de acordo com métodos sobre os quais temos poucas informações, e se prestavam voluntariamente aos rituais e à morte que os encerrava: tal era o caso do jovem perfeito anualmente sacrificado em honra a Tezcatlipoca, ou das mulheres que, personificando deusas terrestres, dançavam e cantavam fleumaticamente enquanto aguardavam a hora de serem mortas pelos sacerdotes.

O processo mais frequente de sacrifício consistia em estender a vítima sobre a pedra; um golpe violento de machado de sílex abria-lhe o peito, o sacrificador arrancava-lhe o coração e o presenteava ao Sol. Em seguida, decapitava-se o sacrificado, e seu crânio ia juntar-se aos que se acumulavam em uma estaca especial, o *tzompantli*. As vítimas sacrificadas ao deus Xipe Totec e às deusas da vegetação eram, após a morte, esfoladas, vestindo-se os sacerdotes então com sua pele. Outras eram amarradas com uma corda a um pesado disco de pedra e obrigadas a se defender, com armas de artifício, de quatro guerreiros bem armados: a este os espanhóis denominaram "sacrifício dos gladiadores". Algumas vítimas eram oferecidas aos deuses; outras representavam os próprios deuses — paramentadas e vestidas como eles, homenageadas e incensadas, tornavam-se a "imagem" da divindade. O rito de sacrifício significava a morte do deus representado. O canibalismo ritual que encerrava essas macabras cerimônias tomava o sentido de uma comunhão. O mesmo sentido tinham certas festividades em que se modelava uma pasta de amarante, *tzoalli*, em forma de ídolos que eram ritualmente "feridos" antes de serem consumidos.

3. Os ritos

A vida ritual, complexa e totalizante, absorvia uma parcela imensa das energias e recursos da comunidade. Algumas características comuns aos múltiplos ritos podem ser indicadas.

Em primeiro lugar, o minucioso cuidado que presidia a cada detalhe, cada gesto e cada palavra. Tudo, inclusive os ornamentos das vítimas e sacerdotes, era rigorosamente ordenado. Castigos severos, como multas e penitências corporais, se abatiam sobre os servidores que cometessem o mínimo erro. Numerosos ritos consistiam em uma encenação: os personagens, frequentemente as futuras vítimas, vestidos como a divindade em foco, simulavam suas ações características ou episódios de sua história mítica. Os cantos religiosos que se executavam simultaneamente descreviam essa pantomima sagrada. Ora era o próprio deus que tomava a palavra, ora os oficiantes se referiam aos "espetáculos". As danças revestiam-se de grande importância. Solenes e compassadas, tomavam frequentemente a forma de uma espécie de ciranda onde os dançarinos seguravam-se pela mão. Em certas danças, os executantes limitavam-se a levantar e abaixar as mãos em cadência ao ritmo dos *teponaztli*. Procissões percorriam a cidade, às vezes até as aglomerações ao redor do lago.

Além dos sacrifícios humanos, oferendas de todo gênero acumulavam-se diante dos altares: tecidos e vestimentas, pássaros, bolos e espigas de milho, flores e folhagens. Os fogos que ardiam no cimo das pirâmides jamais podiam apagar-se, e por isso os fiéis constantemente traziam madeira. Além disso, os dignitários e sacerdotes escarificavam as pernas, o lóbulo das orelhas e a língua para oferecer seu sangue ao Sol.

Numerosas observâncias acompanhavam as principais festividades: jejuns, abstinência sexual e tabus alimentares. Em certos casos, este ou aquele alimento era obrigatório — por exemplo, o *etzalli* (cozido de milho com feijões) no sexto mês; ou os *tamalli* na água sem sal durante as festas venusianas celebradas a cada oito anos. Ritos adquiridos de outros povos foram incorporados às cerimônias: durante as festas venusianas, os índios mazatecas de Oaxaca (ou astecas vestidos à moda deles) engoliam ou fingiam engolir rãs e serpentes vivas. Da mesma forma, índios huaztecas do nordeste, ou astecas com a cabeça recoberta de seu característico chapéu pontudo, tomavam parte nos ritos do mês Ochpaniztli.

Os 18 meses do ano solar ritmavam a vida ritual. No início do século XVI, o ano começava no dia 2 de fevereiro do calendário juliano, correspondendo ao primeiro dia do mês que os astecas denominavam *Atl caualo* (parada da água), e que os outros povos mexicanos de língua *nahuatl* chamavam *Quauitl eua* (árvore que se eleva). Esse mês era consagrado a Tlaloc e aos deuses da chuva.

Damos a seguir a lista dos demais meses e respectivas divindades às quais se ofereciam sacrifícios:

Tlacaxipeualiztli (esfoladura dos homens): Xipe Totec, deus dos órfãos, da primavera e da vegetação renovada.
Tozoztontli (pequena vigília): Coatlicue, deusa terrestre.
Uey Tozoztli (grande vigília): Chicomecoatl e outras divindades do milho.
Toxcatl (seca?): Tezcatlipoca.
Etzalqualiztli (consumo da *etzalli*): Tlaloc.
Tecuilhuitontli (pequena festa de dignitários): Uixtociuatl, deusa da água salgada, das salinas e dos salineiros.
Uey Tecuilhuitl (grande festa dos dignitários): Xilonen, deusa do milho tenro.
Tlaxochimaco (oferenda de flores): Uitzilopochtli.
Xocotl uetzi (a fruta cai): Xiuhtecuhtli, deus do fogo.

Ochpaniztli (varredura): deusas terrestres que "varrem" os caminhos dos deuses.
Teotleco (retorno dos deuses): todos os deuses, em particular Tezcatlipoca e o deus do fogo.
Tepeilhuitl (festa das montanhas): deus da chuva que residia no cume dos montes.
Quecholli (nome de um pássaro): Mixcoatl, deus da caça.
Panquetzaliztli (elevação das bandeiras de plumas de quetzal): Uitzilopochtli.
Atemoztli (queda de água): deus da chuva.
Tititl (?): Illamatecuhtli, vigília da antiga deusa estelar.
Izcalli (crescimento): deus do fogo.

Aqui é impossível descrever com detalhes as cerimônias que se desenrolavam por ocasião dessas 20 festividades. Além de ritos sangrentos, tais como os sacrifícios humanos que marcam o mês Panquetzaliztli, também aconteciam oferendas de flores (Tozoztontli e Tlaxochimaco); procissões de moças, cada qual levando sete espigas de milho (Uey Tozoztli, Ochpaniztli); o banho mágico dos sacerdotes que imitavam, através dos gestos e cantos, os pássaros aquáticos da lagoa (Etzalqualiztli); distribuições de víveres ao povo (Uey Tecuilhuitl); uma grande parada militar com a exibição, pelo imperador, de emblemas e armas ornamentais (Ochpaniztli); a fabricação ritual de flechas e uma caçada na montanha de Zacatepec (Quecholli); combates simulados entre parteiras e curandeiras (Ochpaniztli); a ascensão do mastro da cocanha, festa pública para distribuição de alimentos (Xocotl uetzi); danças das quais tomavam parte guerreiros e moças (Uey Tecuilhuitl), ou guerreiros e cortesãs (Tlaxochimaco). Ora uma determinada classe, ora uma corporação, outras vezes o povo inteiro participava das cerimônias: cada casa possuía um oratório com suas estatuetas em terracota (Xochiquetzal parece ter sido particularmente venerado nos altares domésticos). Neles as famílias depositavam alimentos e flores em oferendas. Durante os cinco dias "vazios", *nemontemi*, que separavam o último dia do mês Izcalli do primeiro dia do mês Atlcaualo, toda a vida religiosa era suspensa, da mesma forma que a maioria das atividades profanas. Ninguém partia em viagem, nem se casava, nem empreendia o que quer que fosse durante esses dias essencialmente nefastos. Acreditava-se que as crianças nascidas nesse período estavam fadadas a um destino funesto.

4. A especulação teológica

Não é de surpreender que alguns espíritos tenham sentido necessidade de introduzir um princípio de ordem, uma estrutura, no panteão bizarro e profuso da religião asteca. As meditações dos sacerdotes tendiam a reduzir o número de personagens divinas, elevando algumas acima de outras e dotando-as de múltiplos atributos. Tanto nos *calmecac* do México quanto nos templos e monastérios de cidades longínquas, como Teotitlán, um pensamento teológico destacava-se e se exprimia por meio de manuscritos como o *Borgia*. Esse esforço de síntese em geral se enquadrava nas quatro direções do espaço. Tezcatlipoca, promovido ao posto de deus principal, aparecia sob quatro formas: ao norte (negro), conservava o nome de Tezcatlipoca; ao sul (azul), chamava-se Uitzilopochtli; a leste (branco), identificava-se como Quetzalcoatl; e a oeste (vermelho) tomava o nome de Xipe Totec ou de Mixcoatl. Dessa forma, incorporavam-se, em um quadro único, deuses de povos *nahuatl* recentes (Tezcatlipoca, Mixcoatl), os dos toltecas (Quetzalcoatl), o grande deus tribal asteca e a divindade yopi Xipe Totec.

O próprio rei de Texcoco, Nezaualcoyotl, ordenou a construção de um templo a um deus sem face, desprovido de história mítica, invisível e impalpável, que ele denominava "aquele graças a quem nós vivemos". No cimo de uma torre, o santuário dessa divindade suprema, ornado de ouro e pedrarias, não continha nenhum ídolo.

CAPÍTULO VI. ARTES E LITERATURA

1. As origens

Durante a grande era clássica, no I milênio, estavam já definidos os traços essenciais das artes plásticas no México: na arquitetura, a pirâmide em degraus, combinada com edifícios horizontais (palácios); na escultura, painéis e vergas em baixo-relevo, e altares monolíticos; a cinzelagem de máscaras, machados votivos e outros objetos em pedra dura; muralhas decoradas de afrescos e manuscritos com iluminuras (quanto a este aspecto, pelos menos no que diz respeito aos maias). A maioria dessas características aparece desde a época olmeca, como também o uso de hieróglifos e de signos cronológicos.

Herdeiros desse passado longínquo, os astecas receberam seu legado por intermédio dos povos do planalto Central que encontraram o fim de sua migração. Tratava-se fundamentalmente da civilização tolteca que, sobrevivendo à queda de Tula, perpetuara-se no seio das novas cidades fundadas pelos invasores do Norte. A arquitetura tolteca havia inovado em vários domínios em comparação com cidades clássicas como Teotihuacán: vastas salas com tetos sustentados por numerosíssimas colunas esculpidas; cercamentos com seteiras e decorados de cabeças de serpentes (*coatepantli*); pórticos apoiando-se sobre colunas em forma de serpentes de plumas; estátuas porta-bandeiras no cimo das escadarias das pirâmides. A maioria desses traços repete-se nos monumentos astecas.

Por outro lado, parte da população tolteca fora levada a emigrar, tanto no fim do século X, devido às guerras civis simbolizadas na rivalidade entre Tezcatlipoca e Quetzalcoatl, como no fim do século XII, por ocasião da queda de Tula. Esses emigrantes fixaram-se em Cholula, cidade sagrada onde permanecia vivo o culto de Quetzalcoatl; e também no planalto que se estende sobre parte do atual estado de Puebla até as montanhas de Oaxaca. Ali, os toltecas, cujo domínio das artes menores era proverbial, viramse em contato com os mixtecas, eles próprios também ourives de primeira qualidade. Essa região "mixteco-puebla" viu nascer um novo estilo de ourivesaria, pintura mural, decoração de cerâmica e iluminura de manuscritos. No século XIV, o quarto rei de Texcoco, Quinatzin, trouxe dessa área toda uma população de artistas de origem tolteca; estes implantaram no vale central a arte mixteco-nahua, que deveria exercer forte influência sobre a arte asteca do século seguinte em diante.

Assim, diversas tradições artísticas convergiram, desde a Antiguidade clássica até os últimos séculos que precederam a conquista espanhola, para se fundir no cadinho asteca. Os mexicanos, portanto, da mesma forma que incorporavam à sua religião os deuses e ritos estrangeiros, inspiraram-se igualmente em obras realizadas pelos povos vizinhos: os monumentos circulares construídos no México — onde constituíam exceção em uma arquitetura dominada pelas pirâmides e construções retangulares — relembram os dos huaxtecas e totonaques, ou os *yácatas* do Michoacán. Seria injusto e inexato, porém, considerar a arte asteca como simples imitação, uma "fase epigonal" da arte do México em geral. Os arquitetos e escultores, ourives e iluministas de Tenochititlán souberam criar um estilo asteca reconhecível ao primeiro olhar, onde uma tradição rica e refinada se combina com o dinamismo de um povo recentemente chegado a um alto grau de cultura. Menos modulada e mais flexível que a arte tolteca, menos rebuscada que a arte maia, capaz de aliar um profundo simbolismo a uma figuração realista de extraordinária energia, esse estilo afirma sua originalidade em todos os domínios. Penetrada de religiosidade, como a de todos os povos do México, desde os olmecas, a arte dos astecas mostra-se igualmente capaz de tratar temas históricos e profanos e de embelezar o cenário da vida graças ao virtuosismo de seus joalheiros e cinzeladores.

2. A arquitetura

Todos os monumentos do México foram destruídos em 1521, quando a cidade foi sitiada. Não os conhecemos senão através de descrições e desenhos de época, que vieram a corroborar as escavações arqueológicas do Grande Templo. Fora da cidade destruída, subsistiram alguns edifícios construídos pelos astecas, como os templos de Teopanzolco, no atual Morelos, e de Huatusco e de Teayo, em Veracruz. A pirâmide de Tenayuca, não muito longe do México, ainda que originariamente construída por "chichimecas" mais ou menos toltequizados, foi completada pelos astecas.

A arquitetura religiosa adotava como forma mais frequente a pirâmide encimada por um santuário. Com suas escadarias íngremes, ladeadas por serpentes emplumadas, e suas estátuas porta-bandeiras, essas pirâmides assemelhavam-se aos monumentos toltecas. Em Tenochtitlán, o cercamento do grande templo era um *coatepantli*, como em Tula. Mas a contribuição propriamente asteca, a pirâmide do *teocalli*, tinha sobre sua plataforma terminal dois templos acoplados. O teto, feito de travas e cimento, prolongava-se por uma espécie de cumeeira à maneira dos antigos templos maias.

Sabemos pelas descrições dos conquistadores que o templo de Quetzalcoatl apresentava uma forma circular. Isso porque fora construído em honra a esse deus enquanto se identificava com Eecatl, o deus do vento, evitando-se por isso opor-lhe as arestas vivas de uma pirâmide. Se nada restou desse monumento, felizmente o de Calixtlahuaca, sobre o planalto de Toluca, se conserva praticamente intacto. Confirmação suplementar: descobriu-se ali uma bela estátua do deus do vento. Em Malinalco, nas montanhas que cercam o planalto de Toluca, ao sul, encontra-se um templo inteiramente escavado na rocha viva, que se mantém até o presente como o único monumento desse gênero conhecido no México. Era sem dúvida destinado aos cultos que celebravam os cavaleiros-águias e os cavaleiros-jaguares, pois a cripta, à qual se chega através de uma porta em forma de garganta de serpente, é adornada de águias e jaguares esculpidos na própria rocha.

A arquitetura militar ocupava, naturalmente, um extenso domínio na arte monumental asteca. Fortalezas e redutos fortificados, guarnecidos de torres, defendiam pontos de passagem, como por exemplo os acessos que permitiam atravessar o lago. Em Oztoman, nas fronteiras entre o Império e o reino hostil de Michoacán, podem-se ainda observar os vestígios de um forte e de

Figura 11. O grande *Teocalli* do México: à esquerda, o templo de Tlaloc; à direita, o de Uitzilopochtli. Desenho atribuído a Ixtlilxochitl. Biblioteca Nacional (Paris), Gabinete dos Manuscritos (*in* Jacques Soustelle, *La vie quotidienne chez les Aztèques*. Paris, Hachette).

bastiões onde os arquitetos astecas souberam construir uma abóbada verdadeira. Quanto aos palácios dos soberanos e dignitários, nenhum vestígio restou. A julgar pelos testemunhos de época, deviam no essencial conformar-se ao estilo das construções maias, zapotecas e toltecas: vastas salas com colunas, pátios internos, terraços e jardins. A arte dos jardins era particularmente valorizada entre os astecas e seus aliados: os restos dos aquedutos e canais de irrigação do parque de Tetzcotzinco, construídos por ordem de Nezaualcoyotl, correspondem às descrições dos cronistas.

3. A escultura

Inúmeras esculturas, baixos-relevos e estátuas foram destruídos tanto durante a guerra asteco-espanhola como sob o regime colonial na luta contra a "idolatria". Entretanto, o que resta no México e nos museus do mundo inteiro surpreende pelo número, variedade e perfeição.

Os escultores de estatuária religiosa eram obrigados a se conformar às regras de um minucioso simbolismo. As estátuas de deusas da água, por exemplo, são de características intencionalmente arcaicas, como as de Tlaloc: trata-se, nesse caso, de divindades antigas, devendo-se respeitar os modelos clássicos. O colossal monólito que representa a deusa terrestre Coatlicue pode ser considerado uma das mais extraordinárias obras-primas da arte religiosa, com seu simbolismo macabro profundamente impressionante. Os ídolos de Xipe Totec mostram, surpreendente realismo, o deus recoberto da pele de um sacrificado. Ao contrário, nada existe de mais gracioso que a estátua de Xochipilli, deus da juventude, da música e dos jogos, todo ornado de flores.

São frequentes as representações de Quetzalcoatl. Às vezes, mostra-se como uma serpente de plumas enrolada sobre si mesma, levando na cabeça seu hieróglifo *ceacatl*; outras vezes, mais raramente, aparece com rosto e membros humanos combinando-se ao corpo de uma serpente, como no belo exemplar em porfírio conservado em Paris, no Museu do Homem.

Numerosos monólitos esculpidos permaneceram soterrados sob os escombros dos templos e palácios após a queda de México. Alguns foram recuperados. O "Calendário Asteca" é, sem dúvida, o mais célebre deles. Ele resume, em seu disco, o conjunto de concepções cosmológicas e cronológicas dos antigos mexicanos. Ao centro, a face do Sol sedento de sangue, destaca-se de dentro o signo *nauiollin*, símbolo do nosso universo. Os quatro braços da Cruz de Santo André, correspondentes ao signo *ollin*, contêm os símbolos dos quatro antigos Sóis. Em torno desses hieróglifos, círculos concêntricos mostram os signos dos dias, os anos, representados pelo glifo *xiuitl* composto de cinco pontos, sendo quatro em cruz e mais outro no meio; e enfim duas "serpentes de turquesa" (xiuhcoatl), isto é, os dois períodos de 52 anos que correspondem, como vimos, aos 65 anos venusianos, os dois constituindo o ciclo de 104 anos denominado *ueuetiliztli* — "uma velhice". Pode-se também citar o "Teocalli da Guerra Sagrada", dedicado ao Sol e ornado de esplêndidos hieróglifos. À mesma categoria pertence a "Pedra dos Sóis" que leva sobre cada uma das faces a data hieroglífica dos universos destruídos antes do surgimento do atual. Enfim, um magnífico disco, mostrando em baixo-relevo a representação da deusa Coyolxauhqui, foi descoberto recentemente junto ao antigo Grande Templo.

Em março de 1978, trabalhos de terraplenagem realizados nas vizinhanças da catedral do México revelaram um extraordinário monólito esculpido e policromado que representa a deusa lunar Coyolxauhqui, irmã do deus-sol Uitzilopochtli, decapitada e desmembrada pelo irmão, segundo o mito. Essa descoberta, juntamente com alguns outros objetos evidentemente ligados aos cultos celebrados no grande *Teocalli*, levaram as autoridades mexicanas a organizar importantes escavações no centro mesmo da capital.

Figura 12. Máscara em jadeíta. Museum für Volkerkunde, Bâle.

Embora de pequenas dimensões, certos objetos em pedra dura, no limiar entre a escultura e a cinzelagem, podem ser relacionados a essa arte religiosa. Por exemplo: os dois crânios em cristal de rocha conservados no Museu do Homem, em Paris, e no Museu Britânico; uma estatueta em jadeíta de Tezcatlipoca, no Museu do Homem; e uma estatueta de Xolotl, de execução excepcionalmente perfeita, que de encontra no Museu de Stuttgart.

Por maior que tenha sido a importância da escultura religiosa, não foi menos notável o desenvolvimento da arte profana. Sabe-se que soberanos e nobres encomendavam obras aos artistas de seu tempo: Motecuhzoma II fez entalhar seu retrato em baixo-relevo nos rochedos de Chapultepec por escultores regiamente recompensados. Uma filha de Axayacatl, segundo consta, mandou esculpir a estátua dos jovens nobres a quem concedia seus favores. O imperador Tizoc está representado, no monólito que leva seu nome, com atributos divinos, recebendo a submissão de tribos estrangeiras, designadas por signos hieroglíficos. O mesmo soberano e seu sucessor Auitzotl aparecem em baixo-relevo na ponta de uma estrela alusiva à inauguração do grande templo de Tenochtitlán, em 1487 ("Oito-Cana"); essa data está inscrita em caracteres hieroglíficos de magnífico efeito decorativo na parte inferior do painel onde figuram os dois imperadores.

O Museu Nacional de Antropologia do México possui, entre outras obras-primas, uma esplêndida cabeça de cavaleiro-águia em pedra. Enquadrado pelo bico da ave de rapina, o rosto do guerreiro reflete de maneira impressionante a energia e a abnegação dessa ordem militar. Mas a estatuária asteca recobre uma variedade muito extensa: estátuas de *maceualtin* (homens do povo) vestidos somente de tanga, anões, corcundas, indivíduos disformes, do tipo com que os imperadores e dignitários gostavam de se distrair em seus palácios, animais de toda espécie, como lobos, jaguares, serpentes, rãs, gafanhotos, e mesmo vegetais, como a abóbora. Alguns baixos-relevos puramente decorativos representam pássaros e flores.

Os astecas fizeram renascer a arte da máscara em pedra, frequentemente incrustada de turquesas, obsidiana, madrepérola e granadas, que havia alcançado alto grau de perfeição em Teotihuacán durante a época clássica. Essas máscaras tinham frequentemente finalidade funerária; outras vezes, representavam deuses, devendo ser usadas no transcurso de cerimônias religiosas.

As esculturas em madeira resistiram mal aos combates, aos incêndios e ao tempo. As que ainda restaram reduzem-se a tambores verticais (*huehuetl*) e gongos de dois tons (*teponaztli*). Conhece-se principalmente um tambor orginário de Malinalco, cuja ornamentação, de extrema delicadeza, reproduz águias e jaguares.

4. Pintura e iluminura

As grandes civilizações clássicas cultivaram a arte da pintura mural: os afrescos de Bonampak entre os maias, câmaras funerárias pintadas pelos zapotecas de Monte Albán e belíssimos afrescos religiosos de Teotihuacán. Em época mais avançada, reencontra-se a pintura mural em Chichén-Itzá (tolteco-maia), entre os mixtecas e na região mixteco-puebla (altar decorado de Tizatlán), assim como belas pinturas em Cacaxtla. Pinturas murais de elevada qualidade estética e de grande interesse arqueológico foram recentemente descobertas em Cacaxtla, no estado de Tlaxcala. Pertencem provavelmente a uma população originária do litoral do golfo. É possível que os astecas tenham recoberto de pintura as paredes de seus templos e palácios. Essas obras foram destruídas junto com os edifícios que adornavam. Um fragmento de afresco subsiste, todavia, em Malinalco, em uma construção contígua ao templo monolítico anteriormente mencionado: seu tema parece ser uma cena onde figura o deus caçador e guerreiro Mixcoatl.

O escriba asteca tinha o título de "pintor" (*tlacuiloani*). De fato, os manuscritos hieroglíficos e pictográficos, quaisquer que fossem os seus temas — religiosos, históricos ou mesmo administrativos —, constituíam antes de tudo uma compilação de imagens, ou séries de pequenos quadros cuidadosamente desenhados e coloridos. Os mais belos "codex" que escaparam dos incendiários espanhóis provinham sobretudo do território mixteca (*Codex Nuttall*), ou da zona mixteco-puebla (*Borgia*); o estilo dos manuscritos propriamente astecas manifesta inegável influência dessas culturas. O *Codex Borbonicus* (Biblioteca do Palácio Bourbon, em Paris) é um livro ritual, compreendendo especialmente um belíssimo calendário divinatório. As 20 séries de 13 dias desse calendário são aí enumeradas, estando cada um dos signos acompanhado de suas divindades protetoras, a diurna e a noturna. Os deuses e deusas responsáveis por cada série ocupam o centro da página, com uma quantidade de atributos e objetos simbólicos. O *Codex Telleriano-Remensis* (Biblioteca Nacional, Paris), obra histórica, descreve ano por ano os principais acontecimentos: entronização e morte de soberanos, guerras e conquistas, inauguração do grande templo, tremores de terra, eclipses etc. O *Codex Mendoza*, documento administrativo e financeiro de importância primordial (Biblioteca Bodliana, Oxford), foi redigido pouco após a conquista espanhola por escribas astecas que nele transcreveram, por ordem do vice-rei D. Antônio Mendoza, os registros de tributos pagos ao Império no reinado de Motecuhzoma II. Cada uma de suas páginas enumera, em caracteres hieroglíficos, as cidades, as províncias e a natureza e quantidade de mercadorias que a província deveria entregar aos coletores de impostos. Enquanto os livros religiosos e históricos eram ilustrados com miniaturas de cenas frequentemente complexas, o *Codex Mendoza* apresenta, com precisão e secura, um dossiê registrado por funcionários. O elemento figurativo é aí estilizado ao extremo: a pictografia reduz-se ao essencial, aproximando-se de uma verdadeira escrita.

Considerados apenas do ponto de vista estético, esses livros astecas são o testemunho de uma arte de rica tradição e gosto sutil. Uma evidente unidade de estilo liga-os com as obras de estatuária e baixo-relevo.

5. As artes menores

Aplicada ao México, a denominação "artes menores" é mais inadequada do que a qualquer outro lugar, pois a cinzelagem, a ourivesaria e a arte plumária desempenharam papel capital em uma sociedade onde o luxo da ornamentação e da ambientação cotidiana crescia incessantemente. Os metais preciosos, e mais ainda as pedras verdes (jade, jadeíta, nefrita), assim como as plumas de pássaros tropicais, exerciam verdadeiro fascínio sobre os indígenas. Quando os espanhóis e seus aliados indígenas pilharam o México, os europeus apoderaram-se do ouro e da prata, desdenhando as jades e as plumas que seus auxiliares criativos, ao contrário, procuravam com verdadeira paixão.

De todas essas artes, a cinzelagem é sem dúvida a mais antiga do México. Os olmecas atingiram, nesse domínio, um nível jamais superado. A arte maia, em Palenque, por exemplo, deixou esplêndidas estatuetas, joias e máscaras em mosaico. Os toltecas eram considerados mestres no trabalho em pedras duras: Quetzalcoatl, segundo a tradição, possuía uma casa toda revestida de jade. Na época asteca, os comerciantes importavam das províncias do sul e de Xicalanco peças de jade translúcido para serem cinzeladas pelos artesãos mexicanos, como ainda cristal de rocha, âmbar e granada. Utilizavam também esmeraldas. Um colar de ouro e pedrarias oferecido a Cortez por Motecuhzoma II era adornado com 183 esmeraldas e 232 granadas. Nessa sociedade hierarquizada, onde qualquer ornamento tinha valor de emblema, a forma e o material das joias denotavam a classe do portador. Certos ornamentos de jade não podiam ser usados senão pelo imperador.

Numerosos objetos de madeira, pedra ou osso eram incrustados de mosaicos feitos de minúsculas peças de turquesa, madrepérola, e obsidiana, cuidadosamente combinadas: eram peitorais, escudos, capacetes e cetros. O Museu Britânico possui facas de sacrifício com lâmina de sílex, cujo punho em madeira esculpida é inteiramente recoberto de um mosaico de turquesas e madrepérola; uma serpente de duas cabeças em madeira; um mosaico de turquesas e, exemplar ainda mais raro, um fragmento de máscara de madeira incrustado de turquesas. Essa máscara fez parte dos tesouros enviados por Motecuhzoma a Cortez e remetidos por este ao rei Carlos V. Serpentes entrelaçadas rodeiam a boca e os olhos, tratando-se muito provavelmente de uma máscara de Tlaloc.

Conforme vimos, a arte do mosaico era praticada, antes da chegada dos astecas ao planalto Central, pelos índios amantlán. Era, segundo a tradição, uma arte tolteca associada ao mito de Quetzalcoatl.

Os amantecas conheciam duas técnicas: uma delas consistia em fixar as plumas, por meio de um fio de algodão, sobre uma

Figura 13. Escudo ornamental, recoberto de um mosaico de plumas. Württembergisches Landesmuseum, Stuttgart.

armadura ligeira de vime ou bambu. A outra, mais refinada, utilizava plumas cortadas em pequenos fragmentos que eram colados sobre um tecido ou papel — à maneira de um mosaico de pedras semipreciosas — e superpostas ao final para obter uma diversidade de nuanças por transparência. As frágeis obras-primas desses artesãos de elite desapareceram quase todas. Assinalaremos, contudo, os esplêndidos escudos cerimoniais conservados em Viena (com a representação do monstro aquático Auitzotl) e em Stuttgart (motivos geométricos), assim como um belíssimo manto cerimonial em algodão e papel decorado com símbolos religiosos em plumas (Museu de Berlim).

Quanto aos objetos de ouro e prata, bem poucos escaparam aos saques dos conquistadores. É o caso precisamente de uma estatueta em ouro do imperador Tizoc, conservada no Museu do Índio Americano em Nova York. A variedade e a beleza das obras dos ourives astecas podem ser avaliadas, entretanto, a partir das descrições dos contemporâneos, espanhóis ou indígenas: estatuetas representando índios de diversas tribos, pássaros, tartarugas, peixes, crocodilos e outros animais, colares, braceletes, chocalhos, escudos, barretes etc. Dois discos medindo 2,10m de diâmetro, sendo um em ouro (o Sol) e o outro em prata (a Lua), figuram entre os presentes que Motecuhzoma enviou ao chefe dos conquistadores, que os remeteu a Carlos V em julho de 1519.

6. Literatura, música e dança

É impossível dissociar a literatura da música: com efeito, como mostra o próprio vocabulário (*cuicatl*), "canto" e "poema"; *cuicani*, "cantor" e "poeta"), a poesia era quase sempre acompanhada de música, ao menos por instrumentos de percussão que lhe marcavam o ritmo. Quanto à dança, era frequentemente associada à declamação de poemas e sempre ritmada por instrumentos musicais.

O *nahuatl*, língua comum aos astecas e à maioria dos povos recentes do vale, era um idioma rico e versátil, igualmente apto a registrar com precisão os acontecimentos e a denotar ideias abstratas ou construir longos discursos sentenciosos, muito apreciados pelos mexicanos. Por sua estrutura gramatical e fonologia, presta-se a paralelismos de sons e sentidos, a rimas e "figuras de retórica". Admite-se que era em Texcoco que se falava essa língua da maneira mais pura e elegante.

Os poemas religiosos (*teocuicatl*) foram transmitidos pela tradição com seu estilo arcaico e obscuro, carregado de metáforas e alusões. São, contudo, de grande beleza e constituem fonte inesgotável de ensinamentos sobre o pensamento teológico dos astecas.

A flor de meu coração está aberta.
Eis o senhor da Meia-Noite.
Ela veio, nossa Mãe, ela veio,
Ela, a deusa Tlazolteotl.

Nasceu o deus do Milho
No jardim de Tamoanchan,
Lá, onde nascem as flores,
Ele que se chama "Um-Flor".

Nasceu o deus do Milho
No jardim da chuva e da bruma,
Lá onde se criaram os filhos dos homens
Lá onde se pescam peixes de jade.

(excerto de um hino que se cantava a cada oito anos, por ocasião da festa venusiana *atamalqualiztli*).

Em honra a Mixcoatl, o deus caçador do norte, e das "Serpentes de nuvens", cantava-se:

Eu vim das Sete-Cavernas... (aqui, várias palavras em dialeto "chichimeca").
Eu vim do país do cacto...
Eu nasci, eu nasci com minha flecha de haste espinhosa.
Eu nasci, eu nasci com meu gibão de rede.
Eu o peguei (o gibão); eu o peguei, ah! ah! eu o peguei, ele está preso.

É preciso imaginar que cada um desses pequenos versos era dramatizado por um sacerdote vestido como o deus e realizando os gestos da caça a fim de assegurar o sucesso aos caçadores. Era ao mesmo tempo um poema religioso, um encantamento e uma dança mágica.

Conforme seu habitual ecletismo, de bom grado os astecas tomavam emprestados de outras populações certos temas poéticos e musicais. Classificavam-se esses poemas em: "à maneira das pessoas da costa do litoral", "à maneira dos huaxytecas", "de estilo cempoala". Outros cânticos referiam-se a Chalco, a Uexotzinco, a Tlaxcala, a Metztitlán, aos "montanheses" (*tepetlacayotl*), aos "viajantes de caravanas" (*oztomecayotl*) e aos otomi (*otoncuicatl*). Classificavam-se também os poemas por gênero: cantos de "primavera", cantos "floridos", cantos "de guerra", cantos "femininos" etc. Certas obras formavam ciclos épicos e míticos, como o de Quetzalcoatl, ou históricos.

Era muito difundido o costume de declamar poemas ao fim dos banquetes na casa dos nobres. Os cantores e músicos pertenciam a "casas de canto" (*cuicacalli*), a mais importante das quais se encontrava no palácio imperial de Tenochtitlán. Em Texcoco, o "conselho da música" organizava concursos de poesia com distribuição de prêmios. O rei Nezaualcoyotl foi um dos primeiros poetas de seu tempo. Suas odes refletem uma filosofia serena e desiludida.

Toda a poesia lírica mexicana organizava-se em torno de dois temas maiores: a beleza da vida, do mundo e das flores; e a morte inevitável.

> Em vão, prendes teu *teponaztli* florido,
> Jogas flores a mancheias,
> Elas fenecem!...
> Ó meus amigos, esta terra nos é apenas emprestada.
> Será preciso abandonar os belos poemas.
> Será preciso abandonar as belas flores.
> Eis por que estou triste cantando para o Sol.

Os astecas eram tão apaixonados pela arte da oratória quanto o eram pela poesia. Desde o soberano, cujo título mesmo significava "orador", até o mais humilde membro de conselho de bairro, inclusive os velhos, as parteiras e "casamenteiras" que intervinham na vida das famílias — não havia ninguém que não fosse chamado a tomar a palavra em cerimônias públicas ou privadas. Em todas as ocasiões, uns e outros discorriam infatigavelmente em um estilo ornamental e florido, conforme os modelos tradicionais. A esse gênero se ligam as admoestações e arengas morais chamadas "preceitos dos anciãos" (*ueuetlatolli*).

Os manuscritos históricos serviam de reforço para a memória devido à recitação de narrativas em prosa ritmada que os jovens aprendiam de cor nos *calmecac*. O estilo desses anais era, naturalmente, bem mais conciso que o dos poemas ou discursos.

Os instrumentos musicais utilizados pelos astecas classificavam-se em duas categorias: instrumentos de percussão e instrumentos de sopro. À primeira categoria pertencem os tambores verticais; os gongos de madeira com dois tons, alguns dos quais dispunham de ressonador na cabaça; chocalhos ou guisos; cascos de tartaruga tocados com chifre de cervo; bastões ou ossos com entalhes que eram raspados com um arco de madeira (reco-reco). Da segunda, fazem parte trombetas de madeira, conchas, flautas simples, duplas e até tríplices e quádruplas. Seria, portanto, inexato acreditar que a música nativa se reduzisse quase unicamente à percussão: ao contrário, concedia amplo espaço à melodia.

Frequentemente se praticavam danças públicas e privadas. A maioria das festas religiosas incluía danças, muitas vezes prolongando-se por horas. O ritual regulamentava minuciosamente as atitudes e os gestos, assim como a escolha dos dançarinos: os guerreiros de um certo escalão, por exemplo, podiam dançar com cortesãs enlaçando-as pela cintura, o que era proibido aos debutantes. Durante o mês Ochpaniztli, dedicado às deusas terrestres, executavam-se oito horas de uma dança que consistia exclusivamente em movimentos de braços e mãos, sem cantos nem flautas, unicamente ao ritmo de gongos e tambores.

As danças quase sempre tinham lugar após o pôr do sol, na grande praça central, ao clarão de tochas e braseiros de madeira resinosa. O próprio imperador delas participava. Isso porque essas danças rituais eram tidas como um meio de "ganhar aprovação" aos olhos dos deuses.

Em casa dos nobres e mercadores, dançava-se após as refeições, no pátio interior das casas e ao som de uma orquestra de *teponaztli* e de flautas. Quando havia dignitários convidados à casa de negociantes, eram aqueles que dançavam, enquanto os anfitriões permaneciam sentados, fumando cachimbo ou bebendo cacau.

Assim como as grandes cerimônias celebradas nos templos consistiam com frequência em verdadeiras representações dramáticas — por mais de uma vez o ator principal, imagem de um deus, perecia imolado sobre a pedra dos sacrifícios —, assim também um embrião de arte dramática se deixa entrever nas festas privadas. Nelas, nas residências dos ricos, atores personificavam personagens históricos ou míticos, fantasiando-se para representar animais, como pássaros, e trocavam réplicas com um coro. Admitia-se a participação de mulheres nesse divertimento, sendo uma mulher fantasiada de pássaro que cantava, por exemplo:

Minha língua é de coral
De esmeralda é o meu bico.

Os atores cantavam, dançavam e representavam cenas tradicionais, tudo ao ritmo de uma orquestra. Episódios da vida do rei Nezaualcoyotl serviam de temas para esses espetáculos, a um só tempo bailados e tragédias.

No palácio do imperador e nas residências dos dignitários, grupos de acrobatas e bufões executavam, às vezes se encarapitando em cima de pernas de pau, danças cômicas e acrobáticas, entrecortadas de cambalhotas e piruetas difíceis. Esses espetáculos constituíam um dos passatempos favoritos da aristocracia asteca.

CAPÍTULO VII. **A QUEDA DO IMPÉRIO ASTECA**

1. As primeiras expedições espanholas

Cristóvão Colombo, ao chegar a uma das ilhas Bahamas, em 12 de outubro de 1492, estava certo de ter tocado as Índias, isto é, a fabulosa Ásia rica em ouro. A ocupação espanhola estendeu-se primeiramente às ilhas: São Domingos, Porto Rico e Cuba. A costa sul-americana e a da América Central foram descobertas no início do século seguinte. Em 1513, Nuñez de Balboa, atravessando o istmo, avistou o "mar do Sul", ou seja, o Pacífico. Ninguém, entretanto, suspeitava da existência do México, de seus imensos territórios e de sua civilização. O próprio Colombo passara ao largo da descoberta, em 1502, quando, não longe de Yucatán, encontrara uma piroga maia carregada de tecidos, cacau e machados de cobre. Em 1522, uma caravela que fazia a rota do golfo de Darien a São Domingos foi lançada por uma tempestade às costas de Yucatán. Dois espanhóis somente sobreviveram ao naufrágio e depois ao cativeiro em mãos de uma tribo maia. Um deles viria a ser libertado por Cortez, oito anos mais tarde, enquanto o outro, Guerrero, casado com uma nobre maia, terminaria seus dias como um "cacique" indígena. Essa primeira "descoberta" do continente passou completamente despercebida em meio aos naufrágios e desaparecimentos tão frequentes na época.

Foi somente em 1517 que uma expedição partida de Cuba com três navios, sob o comando de Francisco Hernández de Córdoba, entrou em contato com os maias de Yucatán e de Campeche. Repelidos com perdas por esses índios belicosos, os espanhóis foram obrigados a reembarcar apressadamente. Dos 110 homens que haviam partido para a descoberta, 57 pereceram nessa aventura, inclusive o chefe. Os sobreviventes, porém, descreveram maravilhados as cidades maias que tinham conseguido observar do litoral, seus edifícios e seus templos em pedra, as ricas vestimentas e as joias dos nativos. O Yucatán, que ainda se pensava ser uma ilha, revelava-se como um mundo novo, mais povoado e civilizado que as Antilhas.

No ano seguinte, Juan de Grijalva, no comando de quatro navios, descobriu a ilha de Cozumel, costeou o litoral do Yucatán e, em seguida, o do golfo do México. Prosseguindo na rota de Tabasco até Tuxpan, deixou o território maia e, pela primeira vez, os europeus entraram em contato com províncias do Império Asteca. Contrariamente ao que ocorrera na expedição anterior, a acolhida dos indígenas foi amistosa: eles enviaram de presente aos espanhóis objetos de ouro e pronunciaram muitas vezes a palavra "México", cujo sentido era ignorado pelos conquistadores.

2. Hernán Cortez

Lançando-se no rastro de Grijalva, Hernán Cortez partiu de Cuba em 10 de fevereiro de 1519 (ano *ce-acatl*, "um cana" do calendário asteca). Em 11 navios, embarcaram 508 soldados, 16 cavalos e 14 peças de artilharia. Em Yucatán, Cortez encontrou Aguilar, que falava maia devido ao seu longo cativeiro. Um pouco mais tarde, em Tabasco, os dignitários locais fizeram presente aos espanhóis de muitas escravas jovens. Uma delas, de origem nobre e dotada de fina inteligência, falava maia e *nahuatl*. E assim, por intermédio de Aguilar e dessa jovem, Cortez procurou ele próprio conversar com os nativos, principalmente com os que falavam a língua oficial do Império Asteca: foi uma imensa vantagem para o capitão espanhol. Batizada com o nome de Marina e conhecida geralmente como Malintzin (Malinche), a antiga escrava se tornou a mais preciosa e fiel colaboradora do conquistador. Ela foi a mãe de seu filho, Don Martín Cortez, o primeiro mestiço a desempenhar um papel importante na história do México.

Chegando em abril ao sítio da futura Veracruz, Cortez aí recebeu a visita do *calpixqui* asteca da província de Cuetlaxtlan, acompanhado de outros dignitários e servidores. Os índios presentearam os espanhóis, em nome de Motecuhzoma, com víveres, magníficas e luxuosas vestimentas de algodão e plumas, e joias de

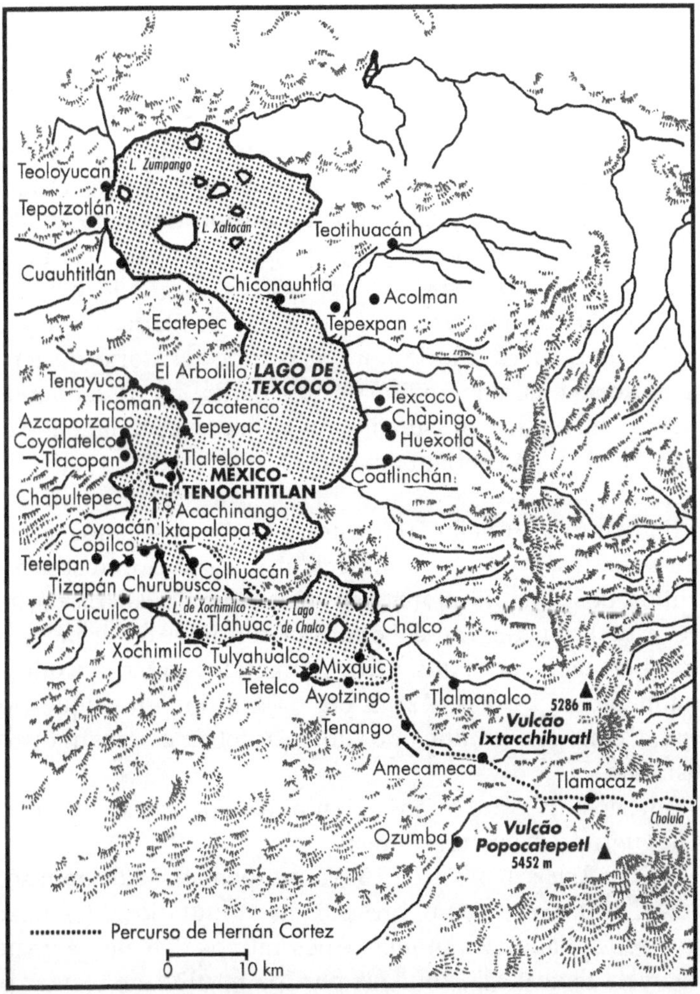

Figura 14. O Vale do México.

ouro. Foi então que o conquistador, conversando com os senhores astecas através dos intérpretes Aguilar e Marina, começou a entrever a imensidão e riqueza do Império, cuja capital se erguia longe da zona tórrida, no planalto cercado de altas montanhas.

Os astecas não haviam recebido qualquer notícia da chegada dos europeus às Antilhas, mas tinham certamente conhecimento das expedições que tocaram o Yucatán e Tabasco. A tradição afirma que presságios funestos (clarões no céu, vozes lamentando-se no espaço, incêndios inexplicáveis e outros prodígios) haviam anunciado antecipadamente uma terrível catástrofe. Muito religioso, Motecuhzoma e seus conselheiros foram tocados pelo fato de o ano "um-cana", 1519 do nosso calendário, coincidir com a data recorrente a cada 52 anos, a qual poderia, segundo o mito de Quetzalcoatl, marcar o retorno da Serpente de Plumas. Esses seres estranhos que chegavam do leste, isto é, do território misterioso em direção ao qual o rei divino de Tula partira no passado mítico, que lançavam o raio e possuíam esses cavalos que ninguém jamais vira no México, não seriam deuses? Quetzalcoatl não teria vindo retomar sua herança?

Enquanto os funcionários astecas e os mensageiros, atravessando as serras, levavam ao imperador a descrição, ilustrada por desenhos, dos conquistadores, seus navios, sua cavalaria e artilharia, Cortez fazia uma descoberta que continha o germe de sua vitória: percebeu que certos povos submetidos ao México odiavam mortalmente os astecas. Assim era o caso dos totonaques, cuja capital, Cempoala, próxima do litoral, recebeu os espanhóis com entusiasmo.

Em agosto, Cortez se pôs a caminho do planalto Central, com 13 mil guerreiros e carregadores.

No dia 2 de setembro de 1519, os espanhóis chocaram-se, na fronteira de Tlaxcala, com a resistência voluntariosa dos tlaxcaltecas e seus aliados, os otomis. Após muitos dias de combate, a aristocracia tlaxcalteca, animada por sua hostilidade secular para com os astecas, decidiu-se a procurar a aliança dos poderosos estrangeiros contra seu inimigo mexicano. Os espanhóis entraram em Tlaxcala, que consideram "muito maior do que Granada", sob uma chuva de flores. Desde então, a conquista tornou-se essencialmente uma empresa hispano-tlaxcalteca.

Acrescida dos contingentes de Tlaxcala, a coluna espanhola dirigiu-se a Cholula, onde 6 mil índios foram massacrados pelos aliados; depois, penetrando entre os vulcões, entrou no vale central. Após terem passado a noite em Iztapalapan, em uma residência senhorial, os conquistadores atravessaram a passagem elevada que ligava a costa meridional à cidade lacustre. Motecuhzoma, acompanhado de numerosos dignitários, entre os quais o rei de Texcoco, recebeu Cortez à entrada da cidade. Dirigindo-lhe a palavra, declarou especialmente: "Sede bem-vindo, nosso senhor, de volta a vosso país e entre o vosso povo, para vos sentar sobre vosso trono, do qual fui o detentor por algum tempo em vosso nome." Os espanhóis instalaram-se no antigo palácio de Axayacatl em 8 de novembro de 1519.

3. A guerra

Instalou-se então uma estranha situação que deveria perdurar por oito meses: Motecuhzoma virtualmente prisioneiro, mas sempre se esforçando para apaziguar a cólera crescente de seus dignitários e de seu povo; os espanhóis estabelecendo pouco a pouco, através do imperador, uma espécie de protetorado; seus aliados tlaxcaltecas prontos a aproveitar qualquer ocasião para brandir o seu ódio contra os astecas. À medida que passava o tempo, a tensão aumentava: os espanhóis, com efeito, opunham-se ao culto dos deuses indígenas e se apoderavam de todos os objetos de ouro sobre os quais podiam pôr a mão, enquanto os tlaxcaltecas pilhavam jades e plumas preciosas. Na ausência de Cortez, obrigado a retornar apressadamente ao litoral para combater seu concorrente Narváez, chegado de Cuba, os espanhóis massacraram traiçoeiramente grande número de nobres astecas que celebravam a festa de Uitzilopochtli. A despeito de Motecuhzoma se ter mantido obstinadamente contrário a qualquer resistência, o povo inteiro se sublevou. O retorno de Cortez não restabeleceu a situação. Na "Noite Triste" de 30 de junho de 1520, os espanhóis e os tlaxcaltecas, atacados por todos os lados, conseguiram com grande dificuldade sair do México, sofrendo pesadas perdas. Conta-se que Cortez sentou-se sob uma árvore em Popotlan e chorou. Os conquistadores estariam perdidos se os otomis da região de Teotihuacán e os tlaxcaltecas não tivessem vindo em seu socorro. Tlaxcala tornou-se seu refúgio e, depois, sua base de operações. Ixtlilxochitl, infeliz pretendente ao trono de Texcoco, aliou-se aos espanhóis assim como às tribos da região sul do lago. Graças à ajuda de seus aliados nativos, Cortez conseguiu isolar a capital. Fez construir embarcações armadas de canhões para varrer o lago com o fogo de suas balas. A fome e a falta de água potável abateram a cidade sitiada, enquanto devastava a cidade uma epidemia de varíola, moléstia até então desconhecida no México, trazida de Cuba por um escravo negro.

Motecuhzoma morreu em combate, em junho de 1520, talvez em mãos dos espanhóis, talvez vítima de um projétil lançado por um guerreiro asteca. Seu sucessor Cuitlahuac reinou apenas 80 dias, até ser vitimado pela epidemia. O último soberano foi Cuauhtemotzin, cujo nome significa "a águia que tomba", isto é, o sol poente. E era justamente o sol asteca que iria desaparecer. Apesar do extraordinário heroísmo de Cuauhtemotzin, dos guerreiros e de todo o povo, os desembarques e assaltos 20 vezes repelidos, mas sempre renovados, permitiram aos espanhóis e seus aliados indígenas conquistar a cidade. Os canhões abateram os muros. Os invasores avançavam entre as ruínas, entulhando os canais com seus escombros. Em 13 de agosto de 1521 , dia "um-serpente", geralmente tido como favorável, mas em um ano "3-Casa", signo nefasto, Cuauhtemotzin teve que se render a Cortez. Assim teve fim o Império.

4. As causas da derrota

O desmoronamento brutal de um Estado que podia contar seguramente com defensores tão valorosos pareceu aos contemporâneos uma inexplicável catástrofe ou um milagre. Entretanto, podem-se perceber suas causas.

Primeiro, as causas propriamente militares: com suas armas e couraças de ferro, seus arcabuzes e canhões, suas caravelas e seus cavalos, os espanhóis dispunham, não obstante seu pequeno número, de uma superioridade esmagadora sobre os astecas, armados com espadas de obsidiana, arcos e flechas com pontas de sílex, escudos e capacetes de materiais leves e túnicas estofadas de algodão, deslocando-se a pé ou de canoa.

A principal razão, porém, foi que astecas e espanhóis não faziam o mesmo tipo de guerra. Para os astecas, a guerra constituía uma espécie de duelo cujos árbitros eram os deuses, conduzida conforme regras tradicionais muito precisas. A guerra tinha por finalidade principal obter prisioneiros destinados ao sacrifício. Os vencidos deveriam certamente reconhecer a autoridade suprema do México, abrir seus templos a Uitzilopochtli e pagar os tributos, mas conservavam a autonomia cultural e mesmo política. Os espanhóis, ao contrário, faziam a guerra total. Tratava-se, para eles, de destruir a religião indígena em proveito da sua própria, considerada a única verdade, e eliminar o Estado asteca em proveito de seu soberano Carlos V. Assim, não se tratava simplesmente de arrancar impostos dos indígenas, e sim de se apoderar de todas as suas riquezas e reduzi-los à escravidão.

Examinemos o fenômeno biológico: a epidemia de varíola, que contribuiu poderosamente para a vitória dos espanhóis, semeando a morte entre os defensores e matando Cuitlahuac. Mais decisivo ainda foi o fato religioso. A convicção em que se encontrava Motecuhzoma de ter diante de si Quetzalcoatl de volta ao México, fê-lo jogar na balança, contra toda veleidade de resistência, o peso de sua autoridade soberana. Foram necessários meses de espera, o massacre do grande templo, os combates de junho e, enfim, a morte do imperador para que a vontade de sobrevivência dos astecas se encarnasse na figura altiva de Cuauhtemotzin — mas tarde demais. Enfim, nada se compreenderia da vitória dos espanhóis sobre os astecas se negligenciássemos o fato de ter sido não uma vitória somente deles, mas de numerosos povos coligados. Sem dúvida, o armamento, a tática e a energia dos conquistadores desempenharam um papel insubstituível para animar, enquadrar e sustentar a revanche dos adversários do Império. Nada, porém, teria sido possível sem os recursos e os homens, os ensinamentos e a força guerreira que forneceram os totonaques, tlaxcala, uexotzinco, os otomis, as tribos do sul do vale e o partido de Ixtlilxochitl em Texcoco.

A diplomacia de Cortez, seu agudo sentido das relações de forças e sua habilidade política souberam fazer tender em seu proveito os rancores e as ambições contra a cidade dominante.

Para os povos de Tlaxcala e os demais aliados indígenas, não se tratava de nada mais que um novo episódio na luta entre Estados combatentes, como outrora quando fora derrubada a hegemonia de Azcapotzalco. Estavam longe de imaginar que a queda do México arrastaria as suas próprias cidades, trazendo a destruição de sua religião e a ruína de sua cultura.

Com a derrota dos astecas, com efeito desaparecia a última civilização autóctone do México. Brilhante e frágil, ela dominara o território por menos de um século: tinham-se passado exatamente 93 anos entre o advento de Itzcoatl e a rendição de Cuauhtemotzin.

Bibliografia Resumida

I. Manuscritos indígenas. Cronistas nativos e espanhóis

Codex Azcatitlán, manuscrito figurativo reproduzido em fac-símile, *Journal de la Société des Américanistes*, n.s., t. 38, Paris, 1949.

Codex Borbonicus, organizado por E.T. Hamy, Paris, 1899.

Codex Mendoza, organizado por James Cooper Clark, Londres, 1938.

Codex Telleriano-Remensis, organizado por E.T. Hamy, Paris, 1899.

DÍAZ DEL CASTILLO, Bernal. *Historia verdadera de la conquista de la Nueva España*. México, 1950.

IXTLILXOCHITL, Don Fernando de Alva. *Obras históricas*. México, 1891-1892.

SAHAGÚN, Fr. Bernardino de. *Historia general de las cosas de Nueva España*. México 1938.

TEZOZOMOC, Don Alvaro. *Crónica Mexicayotl*. México, 1949.

II. Obras recentes

BARLOW, R.H. *The extent of the Empire of the Culhua Mexica*. Berkely, 1949.

BAUDOT, Georges. *Les lettres précolombiennes*. Toulouse, Privat, 1976.

CASO, Alfonso. *El Pueblo del Sol*. México, 1953.

DAVIES, Nigel. *The Aztecs*. Londres, Macmillan, 1973.

GARIBAY K., Angel María. *Historia de la literatura nahuatl*. México, 1953.

MARQUINA, Ignacio. *Arquitectura prehispánica*. México, 1951.

SIMONI-ABBAT, Mireille. Les Aztèques. Paris, Seuil, 1976.

SOUSTELLE, Jacques. *La vie quotidienne des Aztèques*. Paris, Hachette, 1955.

______. *L'univers des Aztèques*. Paris, Hermann, 1979.

STIERLIN, Henri. *L'art aztèque et ses origines*. Fribourg, Office du Livre, 1982.

TOSCANO, Salvador. *Arte precolombino de México y de la América Central*. México, 1952.

VAILLANT, George C. *Aztecs of Mexico*. Garden City, Nova York, 1947.